Mise en page et suivi éditorial : Le Bureau des Affaires Graphiques / Anne Marchand Kalicky

Remerciements à Chantal Maury, Sophie de Malartic, Sophie de la Porte.

ISBN : 978-2-01-393211-0 – Dépôt légal : Mars 2010 – Édition 01
Loi n° 49-956 du 16 juillet 1949 sur les publications destinées à la jeunesse.
Imprimé en Italie.

LES PLUS BEAUX CONTES DE MON ENFANCE

hachette
JEUNESSE

AU FIL DES PAGES

LE CHAT BOTTÉ

Un conte de Perrault

Illustré par Sandra Smith
Adapté par Évelyne Lallemand

Le fils du meunier était désespéré : à sa mort, son père ne lui avait laissé qu'un chat. Mais voici que le chat lui dit :
« Donne-moi un sac et des bottes, et je ferai ton bonheur ! »
Le fils du meunier se hâta de lui obéir…

Une fois botté, le chat alla au bois et attrapa un lapin qu'il courut donner au roi du pays.
« Voilà, sire, un cadeau de mon maître, M. le marquis de Carabas ! » dit-il.

Et chaque jour, il revint avec des perdrix, des lièvres, des faisans chassés sur les terres du marquis de Carabas.

Un après-midi, le rusé Chat botté ordonna à son jeune maître d'aller se baigner à la rivière.

Quand le roi et sa fille vinrent à passer, le chat hurla :
« À l'aide ! Le marquis de Carabas se noie ! Au voleur ! On lui a pris ses habits ! »
Les serviteurs du roi repêchèrent vite le marquis, puis allèrent chercher pour lui des vêtements de prince. Ainsi vêtu, le jeune homme avait belle allure !

Il plut tant au roi, et plus encore à sa fille, que celui-ci lui proposa de les accompagner dans leur promenade.

Le Chat botté partit devant eux. À tous les paysans qu'il rencontra, il chuchota :
« Dites au roi que ces terres appartiennent au marquis de Carabas, sinon je vous hache menu comme chair à pâté ! »
Quand le roi demanda à qui appartenait tel pré ou tel champ, on lui répondit :
« C'est à M. le marquis de Carabas. »
Le roi et sa fille étaient de plus en plus ravis !

Le Chat botté finit par entrer dans l'immense château d'un géant magicien.
«Il paraît, lui dit-il, que vous pouvez vous changer en animal.
– Oui», rugit le géant, et il devint un LION !
De peur, le Chat botté tomba à la renverse !

Mais il ajouta : « Et maintenant, si vous deveniez une souris ? »
Le géant en devint une… que le chat croqua.

Très fier de lui, le Chat botté alla sur le perron du château et annonça au roi qui approchait :
« Soyez le bienvenu chez le marquis de Carabas ! »

Le lendemain, le roi donnait la main de sa fille au si beau et si riche marquis ! Grâce à qui ?
Grâce au chat qui, pour s'amuser, chassa les nombreuses souris de ce château-là !

FIN

LE LOUP ET LES SEPT CHEVREAUX

Un conte de Grimm

Illustré par Marcelle Geneste
Adapté par Olivier de Vleeschouwer

Une vieille chèvre était mère de sept jolis chevreaux qu'elle aimait tendrement. Un jour, elle partit dans les bois pour faire provision de fourrage.

Avant de sortir, elle les réunit autour d'elle :

« Pendant mon absence, prenez garde au loup ! dit-elle. C'est un rusé qui n'hésitera pas à se déguiser pour vous tromper. Mais avec sa voix rauque et ses pattes noires, si vous faites attention, vous le reconnaîtrez ! »

Et les petits promirent de se montrer vigilants et de n'ouvrir à personne.

Peu de temps après le départ de leur mère, les sept chevreaux entendirent frapper à la porte :
« Ouvrez-moi ! C'est moi, votre mère… Je vous rapporte plein de cadeaux », dit une voix.
Mais les chevreaux n'ouvrirent pas.
« Ta voix est rauque… Tu es le loup ! » crièrent-ils d'une même voix.

Chez l'épicier, le loup acheta un gros morceau de craie pour s'adoucir la voix. De nouveau, il frappa à la porte.

« Ouvrez-moi, chers enfants ! Je suis votre mère… »
Mais les chevreaux aperçurent sa patte sur le rebord de la fenêtre.
« Ta patte est noire… Tu es le loup ! » s'écrièrent-ils en chœur.
Le loup était rusé et affamé. Il courut voir le boulanger.
« Je me suis cogné la patte, enduis-la-moi de pâte à pain ! »
Et, au meunier, il ordonna :
« Saupoudre-moi la patte de farine bien blanche. Si tu refuses, je te mangerai ! »

Le coquin courut frapper à la porte des chevreaux pour la troisième fois. « Voix douce, patte blanche…

C'est notre mère qui revient ! » pensèrent les chevreaux. Et, sans la moindre méfiance, ils tirèrent aussitôt le verrou. « Au loup ! Au loup ! » s'écrièrent-ils en découvrant leur méprise.

Ils voulurent se cacher, mais le loup les trouva et les mangea… Tous les sept ? Non ! le dernier, le plus jeune, se cacha dans la pendule et le loup ne le vit point.

Repu et fier de lui, le loup s'allongea ensuite dans la prairie, et s'endormit ! Quand la brave chèvre s'en revint et trouva la porte ouverte, elle devina aussitôt ce qui s'était passé. Pleine de tristesse, elle appela l'un après l'autre ses chers enfants, mais aucun ne lui répondit. Quand elle nomma le dernier, elle entendit :
« Maman chérie ! Je suis caché dans l'horloge ! »
Ayant tout appris de la triste fin de ses six chevreaux, la pauvre bête versa toutes les larmes de la terre. Plus tard, suivie de son seul enfant, elle se décida à sortir et vit le loup dans la prairie, toujours endormi. En se penchant sur l'énorme ventre du loup, la chèvre vit tout à coup quelque chose qui remuait et s'agitait. « Mes chers petits ! » se dit-elle. Et elle courut chez elle, prit des ciseaux, une aiguille et du fil, découpa la peau du loup et délivra ses six chevreaux sains et saufs !

Quel bonheur ! Ils étaient tous en vie… et le loup dormait toujours. La chèvre jeta alors des pierres dans le ventre grand ouvert. Quand il fut plein à craquer, bonne couturière, la chèvre prit l'aiguille, le fil, et recousit le tout ! Lorsque le loup s'éveilla et se leva, il se trouva bien lourd ! Et comme les pierres, dans son estomac, lui donnaient soif, il se traîna jusqu'au puits, se pencha pour boire, bascula et se noya ! Ainsi va la vie ! Rusés ou pas, quoi qu'il en soit, les méchants sont toujours punis !

FIN

LA PETITE SIRÈNE

Un conte d'Andersen

Illustré par Boiry
Adapté par Évelyne Lallemand

Au fond de la mer, dans un palais de corail, vivait une petite sirène.

Comme ses sœurs, elle avait de longs cheveux et un corps qui finissait par une queue de poisson. Comme elles, elle chantait à merveille. Comme elles, elle avait un jardin qu'elle entretenait avec soin. Mais dans le sien, il n'y avait pas de fleurs extraordinaires. Il y avait seulement la statue d'un jeune homme vivant sur terre qui était tombée d'un bateau. Chaque jour, elle le contemplait et rêvait de le rencontrer.

Lorsque la petite sirène eut quinze ans, ainsi que ses sœurs en avaient eu le droit avant elle, elle monta à la surface des flots pour découvrir le mystérieux monde d'en haut. Coiffée d'une couronne de nénuphars, légère comme une bulle, elle nagea jusqu'à voir le soleil qui se couchait. Elle respira l'air frais du monde d'en haut près d'un superbe trois-mâts illuminé par des lampions et d'où s'élevait de la musique. Sur le pont, elle découvrit des personnes richement vêtues, mais elle n'eut d'yeux que pour une seule : un prince qui ressemblait à la statue de son jardin.

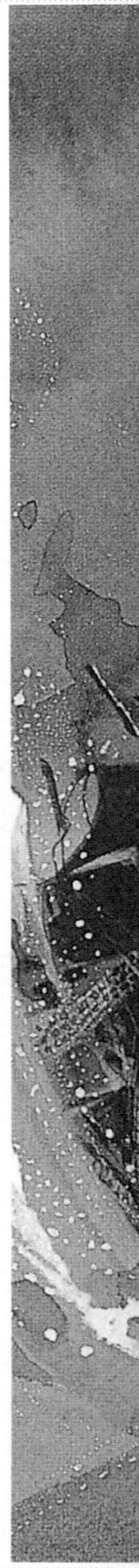

La fête sur le vaisseau battit son plein. Des feux d'artifice furent tirés. Ils illuminèrent le ciel et retombèrent en pluie d'or sur la mer. Ensuite, les lampions s'éteignirent et le silence se fit sur le bateau.
Soudain, le vent se leva, des éclairs zébrèrent le ciel, des vagues hautes comme des montagnes s'abattirent sur le navire. Il craqua, perdit son mât et sombra.
Longtemps, parmi les vagues déchaînées, la petite sirène chercha son prince. Enfin, elle le vit, les yeux déjà fermés. Mais il vivait encore. Alors, le tenant contre elle, elle le ramena vers le rivage. Tandis qu'au matin elle l'allongeait sur le sable, des jeunes filles sortirent d'un proche jardin. Vite, la sirène alla se cacher derrière des rochers et de là, elle les vit se précipiter vers celui qu'elle aimait. Voilà qu'il rouvrit les yeux, leur sourit, et elle en fut tout attristée. Assurément, le prince croyait que ces demoiselles l'avaient sauvé.

Sans pleurer, car les sirènes ne versent jamais de larmes, elle regagna son palais sous la mer. Mais chaque jour, elle remonta à la surface dans l'espoir de revoir son prince. Or elle ne le revit pas. Sa seule consolation fut de serrer dans ses bras la statue qui lui ressemblait.

Elle finit par dire sa peine à ses sœurs, qui la répétèrent à d'autres sirènes, qui, elles, savaient où vivait le prince. L'apprenant enfin, la petite sirène songea : « Je ne veux pas rester sirène, mourir à l'âge de trois cents ans changée en écume de mer. Je veux être comme les gens de la terre, avoir deux jambes et être aimée de mon beau prince. »

Une nuit, tandis qu'au palais, on donnait une fête, elle s'en alla trouver une sorcière qui vivait dans un gouffre où grouillaient mille pieuvres et mille serpents. Bravant sa peur, elle fit sa requête.

« Si tu bois ce breuvage sur une plage, tu perdras ta queue de poisson, dit la sorcière. Mais à chaque pas, mille aiguilles te piqueront les pieds.

– J'accepte, dit la petite sirène.

– Si le prince se marie avec une autre, tu deviendras écume de mer.

– J'accepte, redit-elle.

– Et pour me payer, il te faut me donner ta voix.

– J'accepte », répéta-t-elle.

Lorsque la petite sirène atteignit le rivage devant le château du prince, elle but le breuvage, et sa queue de poisson se métamorphosa en deux fines jambes. Comme elle était nue, elle se couvrit de ses longs cheveux, puis fit quelques pas. Ce fut comme si elle marchait sur mille aiguilles. Mais à cet instant, apparut le prince. Il lui sourit, lui demanda qui elle était, d'où elle venait. Elle ne put répondre puisqu'elle avait donné sa voix. Cependant, il la prit par la main et l'emmena dans son château.
Il la trouvait si belle qu'il la vêtit d'habits de soie, qu'il dansa avec elle et qu'il devint son ami.

Chaque jour, la petite sirène s'attachait à lui davantage. Mais hélas ! il ne devint pas son mari. Ce fut une autre qu'il épousa parce qu'il crut reconnaître en elle celle qui l'avait sauvé. Pourtant la petite sirène ne se transforma pas en écume de mer. Mais alors qu'elle se jetait à l'eau pour mourir, des myriades d'êtres transparents vinrent à son secours. C'étaient les filles de l'air, qui étaient d'une grande bonté. La petite sirène, comme elles, devint transparente, puis, invisible, elle alla baiser le front d'un prince et d'une princesse qui s'étaient mariés. Cela fait, elle sauta sur un nuage rouge qui l'emporta dans le ciel.

FIN

LE PÊCHEUR ET SA FEMME

Un conte de Grimm

Illustré par Marcelle Geneste
Adapté par Évelyne Lallemand

Un pêcheur et sa femme vivaient dans une masure non loin de la mer. Un jour, le pêcheur attrapa un étrange poisson. C'était un turbot qui parlait. Il lui dit ceci :

« Laisse-moi en vie, car je suis un prince ensorcelé. »

Le pêcheur le remit à l'eau. Mais lorsqu'il raconta à sa femme son aventure, celle-ci s'écria :
« Comment ? Tu l'as remis à l'eau sans lui demander d'exaucer un vœu, alors que nous vivons dans ce taudis ? Retourne là-bas, appelle le turbot et dis-lui que je veux une chaumière. Il t'accordera sûrement cette faveur. »
Pour ne pas fâcher sa femme, le pêcheur retourna à la mer qui n'était plus transparente comme au matin, mais verte et jaune.

Il appela le turbot qui apparut aussitôt.
« Ma femme refuse de vivre dans un taudis. Elle veut une chaumière, lui avoua-t-il, tout confus.
– Va la retrouver, son vœu est déjà exaucé », annonça le prince poisson.
En effet! Le pêcheur retrouva sa femme dans une coquette chaumière où tout était bien rangé, bien nettoyé. L'un et l'autre s'en réjouirent. Mais au bout de quelque temps, la femme déclara :
« Je veux vivre dans un château. Retourne là-bas, appelle le turbot et qu'il nous fasse ce cadeau. »

Le pêcheur tenta de l'en dissuader. En vain, hélas ! Il retourna donc à la mer qui n'était plus verte et jaune, mais d'un violet et d'un bleu profonds.
« Turbot, ma femme refuse de vivre dans une chaumière, avoua-t-il, très embarrassé. Elle veut un château.
– Va la retrouver, son vœu est déjà exaucé », annonça le prince poisson.

En effet ! Le pêcheur découvrit bientôt que sa femme vivait à présent dans un grand château de pierre où s'agitaient des dizaines de serviteurs. Partout, ce n'étaient que tapisseries, chaises et tables en or massif, lustres de cristal, tables couvertes de mets exquis.
Le pêcheur se réjouit de ces merveilles, dîna avec sa femme, puis ils allèrent se coucher.

Au matin, elle le réveilla en criant :
« Cours dire au turbot que je veux être reine ! »
Le pêcheur tenta de l'en dissuader. En vain, une fois de plus ! Il dut donc aller au bord de l'eau qui était maintenant grise et agitée de remous inquiétants. Il appela le turbot et, très attristé, lui répéta la requête de sa femme.
« Va la retrouver, elle est déjà reine », annonça le prince poisson.

En effet! Dans le château de pierre devenu palais de marbre, sa femme, coiffée d'une couronne d'or et tenant à la main un sceptre scintillant de pierres précieuses, était assise sur un trône.

« Tu n'as plus rien à souhaiter, se réjouit le pêcheur.
– Tu te trompes ! répliqua-t-elle. Ici, je m'ennuie. Va voir le turbot et dis-lui que je veux devenir impératrice ! »
Le pêcheur, la mort dans l'âme, s'en retourna à la mer et frissonna d'effroi : un vent violent soulevait de grosses vagues. Il appela le turbot et lui répéta la requête de sa femme.

« Va la retrouver, elle est déjà impératrice », annonça le prince poisson.

En effet ! Dans le palais devenu encore plus vaste, plus somptueux, sa femme était assise sur un trône d'or de deux étages. Coiffée d'une gigantesque couronne sertie de diamants, elle tenait d'une main son sceptre et de l'autre le globe impérial. Des princes, des barons, des comtes et des ducs faisaient mille courbettes devant elle. Longtemps, le pêcheur contempla sa femme, puis il s'exclama :
« Ah ! Que c'est beau de te voir impératrice ! »
Elle sourit et, le soir, tous deux allèrent se coucher.

Mais cette nuit-là, l'impératrice ne dormit pas. Elle ne cessa de se demander ce qu'elle pouvait encore souhaiter. Soudain, aux premières lueurs de l'aube, elle trouva. Elle réveilla son mari d'un si grand coup de coude qu'il tomba du lit.
« Va voir le turbot, lui ordonna-t-elle, et dis-lui que je veux être l'égale du bon Dieu ! »
Elle lui lança un regard si terrible qu'à peine habillé, il partit en courant, en tremblant. Au bord de la mer, la tempête faisait rage. Le pêcheur sentit ses genoux se dérober sous lui. Il gémit :
« Turbot, ma femme veut devenir l'égale du bon Dieu.

– Retourne vers elle, elle est de nouveau dans sa masure », révéla le prince poisson.
En effet ! Et c'est dans cette masure que le pêcheur et sa femme ont vécu jusqu'à aujourd'hui…

FIN

LA PETITE FILLE AUX ALLUMETTES

Un conte d'Andersen

Illustré par Armelle Boy

C'était la veille de Noël. Il neigeait, il faisait froid et les gens se dépêchaient de rentrer chez eux, les bras chargés de paquets. La petite fille qui marchait dans la rue grelottait et pleurait : elle n'avait vendu aucune allumette ce soir-là. « Allumettes, allumettes, qui veut mes allumettes ? » suppliait-elle, mais les passants pressés poursuivaient leur chemin.

La petite fille savait bien que son père la battrait si elle s'en retournait sans la moindre petite pièce. Cette pensée la fit frissonner davantage ; elle serra les allumettes contre son ventre.

Pour se réchauffer, elle en craqua une. Pftt ! Comme la flamme brilla et brûla ! D'abord bleue et verte, elle blanchit, puis rougit. Quelle merveille ! Comme tout devenait soudain moins triste et la nuit moins noire !

Et comme la petite fille fut heureuse ! Elle était maintenant devant un grand poêle orné de cuivre étincelant. Elle avait enfin chaud. « Si seulement cela pouvait durer toujours ! » songeait-elle.

Mais la flamme s'éteignit et la petite fille fut de nouveau dans la nuit froide. Et tout fut encore plus terrible qu'avant. Alors elle frotta une deuxième allumette.

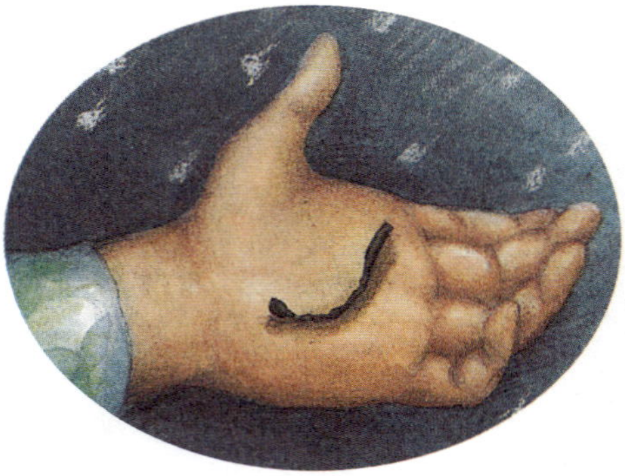

Et elle se retrouva assise à une table sur laquelle fumait une belle oie farcie de pruneaux et de pommes. Et partout brûlaient des bougies, comme celles qu'allumait autrefois sa grand-mère pour lui faire plaisir.
Hélas ! La flamme s'éteignit. Aussitôt, l'oie sauta du plat et disparut dans la nuit.

Alors la petite fille craqua une troisième allumette. Et elle se retrouva au pied d'un sapin tout illuminé. « Tous ces cadeaux pour moi ! » pensait la pauvre enfant.

Mais les bougies s'éteignirent. Pour les rallumer encore et encore, pour se réchauffer à leur lumière encore et encore, la petite fille craqua une à une toutes ses allumettes. Ses petits doigts tremblaient, son cœur battait comme un tambour.

Soudain, il ne lui en resta qu'une : la dernière. À peine la craqua-t-elle que sa grand-mère apparut.
« Emmène-moi avec toi ! » lui demanda la petite fille.
Aussitôt sa grand-mère la prit dans ses bras et s'envola avec elle dans le ciel. Et il n'y eut plus de froid, plus de peur ; seulement, l'immense douceur de la vieille dame qu'elle aimait tant, comme un manteau tout autour d'elle.

FIN

DRÔLE D'OISEAU

Un conte d'Andersen

Adapté et illustré par Florence Kœnig

Il était une fois un bûcheron, qui était parti de bon matin couper du bois. À peine parvenu à la lisière de la forêt, il entendit des cris qui ressemblaient à ceux d'un enfant. Il se dirigea vers les cris, et arriva au pied d'un grand arbre. En haut, tout en haut de celui-ci, était assis un petit garçon. Un grand oiseau l'avait sans doute enlevé et déposé là. Le bûcheron grimpa dans l'arbre et descendit l'enfant de son perchoir. Il pensa alors : « Je vais le ramener à la maison et l'élever avec ma Petite Rose. » Il l'emmena donc chez lui, et les deux enfants grandirent ensemble. Celui qui avait été trouvé dans l'arbre, perché comme un oiseau, fut appelé « Drôle d'oiseau ».

Drôle d'oiseau et Petite Rose s'aimaient tellement qu'ils devinrent vite inséparables. Chez le bûcheron vivait aussi une vieille cuisinière. Un soir, elle prit deux seaux et alla tant de fois à la fontaine pour rapporter de l'eau que Petite Rose, qui l'observait, lui demanda :

« Dis-moi, vieille Suzanne, que vas-tu faire de toute cette eau ?

– C'est un secret, mais si tu ne le répètes à personne, répondit la vieille, je te le dirai. »

Et Petite Rose promit.

Alors la vieille cuisinière lui murmura :
« Demain matin, quand ton père sera parti
couper du bois dans la forêt, je mettrai
l'eau à chauffer dans le grand chaudron,
j'y jetterai Drôle d'oiseau et je le ferai cuire. »

En songeant au sort qui attendait Drôle d'oiseau, la pauvre Petite Rose, cette nuit-là, eut bien de la peine à s'endormir.

À l'aube, quand le bûcheron fut parti dans la forêt, Petite Rose chuchota à Drôle d'oiseau :

« Si tu ne m'abandonnes pas, je ne t'abandonne pas non plus !

– Ni maintenant ni jamais ! lui répondit Drôle d'oiseau.

– Alors écoute-moi, continua Petite Rose. Hier soir, la vieille Suzanne a transporté tant de seaux d'eau que je lui ai demandé ce qu'elle voulait en faire. Elle m'a répondu qu'elle me le dirait si je ne le répétais à personne. Bien sûr, j'ai promis de ne pas le répéter. Alors, elle m'a avoué que, lorsque le père serait parti dans la forêt, elle mettrait l'eau à bouillir dans le grand chaudron et te jetterait dedans pour te faire cuire. Mais nous allons vite nous lever, nous habiller et nous enfuir. »

Ainsi les enfants se levèrent, s'habillèrent et se sauvèrent bien vite.

Comme l'eau chauffait dans le grand chaudron, la vieille cuisinière se dirigea vers la chambre, pour s'emparer de Drôle d'oiseau et le jeter dans l'eau bouillante. Mais quand elle s'approcha du lit, elle découvrit que les enfants s'étaient envolés. Elle fut aussitôt prise d'une peur horrible : « Que dirai-je au bûcheron quand il rentrera et s'apercevra que les enfants se sont envolés ? Vite, il faut se hâter, leur courir après et les rattraper ! »
La vieille cuisinière détacha ses chiens et leur ordonna de ramener les enfants. Mais les enfants, qui s'étaient assis à la lisière de la forêt, virent les chiens accourir de loin. Petite Rose dit à Drôle d'oiseau :
« Si tu ne m'abandonnes pas, je ne t'abandonne pas non plus !
– Ni maintenant ni jamais ! lui répondit Drôle d'oiseau.
– Alors, reprit Petite Rose, deviens rosier et je serai ta rose. »

Ainsi, quand les chiens arrivèrent à la lisière de la forêt, ils virent une rose sur un rosier, mais des enfants, pas la moindre trace.
«Nous n'avons rien à faire ici», pensèrent-ils et ils rentrèrent à la maison en racontant à la vieille cuisinière qu'ils n'avaient rien vu, hormis une petite rose sur un rosier.
«Imbéciles ! hurla la cuisinière. Il fallait attacher le rosier, cueillir la rose et me la rapporter. Retournez là-bas et faites ce que j'ordonne.»
Mais les enfants virent les chiens accourir de loin.

Petite Rose dit :
« Drôle d'oiseau, si tu ne m'abandonnes pas, je ne t'abandonne pas non plus !
– Ni maintenant ni jamais ! répondit Drôle d'oiseau.
– Alors, deviens rocher et je serai mousse. »
Quand les chiens arrivèrent, ils ne virent rien d'autre qu'un rocher avec une petite touffe de mousse et pensèrent :
« Nous n'avons rien à faire ici, rentrons. »
Quand ils arrivèrent, la vieille cuisinière leur demanda s'ils avaient trouvé quelque chose. Ils répondirent qu'ils n'avaient rien trouvé d'autre qu'une petite touffe de mousse sur un rocher.
« Bêtes incapables ! gronda la cuisinière. Il fallait renverser le rocher et rapporter la touffe de mousse. »
Cette fois la vieille cuisinière décida que ses pauvres jambes la porteraient bien jusque là-bas, et, à la suite des chiens, elle partit en boitant à la recherche des enfants. Mais les enfants les virent accourir de loin.

Petite Rose dit à Drôle d'oiseau :
« Si tu ne m'abandonnes pas, je ne t'abandonne pas non plus !
– Ni maintenant ni jamais ! répondit Drôle d'oiseau.
– Alors, reprit Petite Rose, deviens étang, et je serai la petite cane blanche qui nage dessus ! »
Quand la cuisinière arriva, elle aperçut l'étang et, décidant de l'assécher, elle se pencha et se mit à le boire. Mais la vieille sorcière fut bientôt si lourde, qu'elle bascula dans l'eau et se noya.
Alors, tout contents, les enfants rentrèrent à la maison. On raconte, d'ailleurs, qu'ils y seraient encore…

FIN

LA LETTRE AU PÈRE NOËL

Un conte de Sophie Kœchlin

Illustré par Boiry

Un soir de décembre, peu de temps avant Noël, un renard polaire vit quelque chose qui vibrait dans un buisson. C'était une lettre, que le vent tentait d'arracher aux branches enneigées. Délicatement, le renard l'attrapa et l'emporta dans son terrier. Il ne put pas lire ce qui était écrit sur l'enveloppe, mais le timbre représentait un drôle de bonhomme barbu que tout le monde connaissait ! C'était une lettre d'enfant adressée au Père Noël ! Le renard décida de l'apporter lui-même à son destinataire. De bon matin, il la glissa dans une gibecière avec quelques provisions, puis il partit vers le nord.

Après des jours de marche dans la neige et le froid, le renard atteignit enfin le domaine du Père Noël. À cet instant, un lutin violet surgit comme par magie et lui demanda ce qu'il voulait. Le renard montra la lettre.
« Mais nous sommes le 24 ! s'exclama le lutin. Le traîneau est presque chargé ! Vite, suis-moi ! » dit-il alors au renard. Ils arrivèrent bientôt devant un immense palais que le soleil faisait étinceler. Ébahi, le renard s'arrêta, mais son guide sautillant ne le laissa pas souffler : « Dépêchons-nous, les ateliers vont bientôt fermer ! »
Ils entrèrent dans les écuries au pas de course. De nombreux lutins rouges astiquaient le grand traîneau et soignaient les douze rennes harnachés de grelots. Ils pénétrèrent ensuite dans l'entrepôt des cadeaux. Des lutins verts les emballaient dans de jolis papiers et les étiquetaient.

Dans les ateliers, des lutins bleus fabriquaient des poupées, des camions de pompiers, des robots téléguidés ou des consoles de jeux.

Ils parcoururent ensuite une enfilade de bureaux. Des lutins gris tapaient à toute vitesse devant des ordinateurs, d'autres finissaient de classer le courrier des enfants du monde entier.

« Nous sommes arrivés, ça y est ! » dit enfin le lutin violet en grimpant quatre à quatre les marches d'un bel escalier.
Une porte en bois s'ouvrit et le Père Noël apparut en robe de chambre rouge.
« Entrez, mes amis, je vous attendais ! Montrez-moi donc cette lettre ! »
Pendant que deux lutins jaunes apportaient au renard un copieux petit déjeuner, le Père Noël chaussa ses lunettes pour lire le message.
« Eh bien ! Ce petit garçon a de la chance, il aura son train électrique ! s'exclama-t-il. Modèle XB72 », précisa-t-il au lutin violet, qui fonça aussitôt vers les ateliers.
« Sans toi, cet enfant n'aurait pas eu de cadeau à Noël, dit alors le Père Noël au renard. Pour te remercier, que dirais-tu de venir avec moi ? »

Et c'est ainsi que, cette nuit-là, un heureux petit renard blanc accompagna le Père Noël tout au long de sa tournée.

FIN

LES DOUZE FRÈRES

Un conte de Grimm

Illustré par Marcelle Geneste
Adapté par Évelyne Lallemand

Un roi et une reine avaient douze fils et vivaient heureux. Hélas ! lorsque la reine attendit son treizième enfant, le roi lui dit : « Si tu as une fille, nos garçons devront mourir afin qu'elle seule hérite du royaume. »

La reine fut si triste que Benjamin, son plus jeune enfant, la pressa de questions. Alors, sanglotant, elle lui révéla l'horrible sort qui les attendait, lui et ses frères.
« Allez vous cacher dans la forêt et que l'un de vous fasse le guet, dit-elle. Un drapeau sera hissé au donjon : s'il est blanc, cela signifiera que c'est un garçon et vous pourrez revenir mais s'il est rouge, cela voudra dire que c'est une fille et il vous faudra fuir. »

Les douze frères partirent donc et, tour à tour, firent le guet du haut d'un chêne.

Au onzième jour, le cœur battant, Benjamin vit qu'on hissait au donjon un drapeau. Or il était rouge ! Les douze princes devaient fuir et si grande était leur colère qu'ils s'écrièrent : « Chaque fois qu'une fille croisera notre route, son sang coulera ! »

Ils s'enfoncèrent dans la forêt et, après avoir longtemps marché, ils découvrirent une cabane enchantée. Ils s'y installèrent et y vécurent dix ans durant, loin du monde. Au château, leur jolie petite sœur, qui portait une étoile d'or sur le front, vivait sans souci. Mais voici qu'un matin de lessive, elle découvrit douze chemises d'hommes. Intriguée, elle interrogea sa mère qui lui avoua l'existence de ses douze frères.
«Je pars à leur recherche», décida la belle enfant.

Tout le jour, elle marcha dans la forêt et au soir, elle découvrit la cabane enchantée où Benjamin se trouvait seul à préparer comme à l'accoutumée le repas. Elle lui expliqua qu'elle était fille de roi à la recherche de ses douze frères. Alors, ils tombèrent dans les bras l'un de l'autre en pleurant de joie.

Mais les princes avaient juré que toute fille qu'ils croiseraient devrait mourir… Benjamin ne le voulait plus, bien entendu. Rusé, il persuada sa petite sœur de se cacher dans un baquet et, au retour des onze garçons, il leur dit :

« Connaissez-vous la nouvelle ?

– Non, avouèrent-ils. Raconte-nous !

– À condition que vous promettiez que la première fille que nous verrons aura la vie sauve.

– Nous le jurons !

– Notre sœur est parmi nous ! » révéla Benjamin en soulevant le couvercle du baquet.

Et la princesse à l'étoile d'or sur le front apparut à leurs yeux. Tous se jetèrent à son cou pour l'embrasser et l'aimèrent aussitôt. Dès lors, elle vécut avec eux pendant quelques années. Mais un jour, pour faire plaisir à ses frères, elle cueillit les douze lys qui poussaient dans le jardinet. À l'instant même, les douze garçons furent transformés en corbeaux ! Ils prirent leur envol tandis que disparaissaient le jardinet et la cabane enchantée. Mais voici qu'apparut près de leur sœur désespérée une vieille femme.

« Il existe un moyen pour que tes frères redeviennent des hommes. Il faut que tu restes muette pendant sept ans exactement, sans prononcer un mot, sans jamais rire.
– Je le ferai ! » assura la jeune fille.
Sur ces mots, elle alla se percher dans un arbre où elle se mit à filer, sans dire mot, sans rire. Non loin de là, un roi qui chassait dans la forêt vint à passer près de l'arbre. Il découvrit la princesse à l'étoile d'or sur le front et, s'en éprenant aussitôt, il lui demanda sa main. Elle se garda de dire oui : elle acquiesça d'un signe de la tête.

Alors le roi l'emmena sur son cheval jusqu'à son château où dès le lendemain les noces étaient célébrées dans la joie, malgré le silence de la jeune mariée. Elle connut le bonheur pendant des années.

Malheureusement, la mère du roi, une méchante femme, entreprit de se débarrasser de cette reine qui jamais ne parlait, qui jamais ne riait. Elle dit à son fils des choses si horribles sur elle qu'il finit par la condamner à être brûlée vive. C'est avec des larmes plein les yeux, car il l'aimait encore, qu'il la regarda monter au bûcher, qu'il vit les flammes commencer à lécher ses habits.

Soudain, douze corbeaux se posèrent sur le sol et, parce que sept ans exactement s'étaient écoulés, ils redevinrent les douze frères d'autrefois. Sans perdre une seconde, ils éteignirent les flammes et délivrèrent leur sœur qui les avait sauvés. Comme elle pouvait de nouveau parler, elle raconta au roi ce qui s'était jadis passé et celui-ci, fou de joie, la reprit pour épouse. Dès lors, leur bonheur fut sans fin.

FIN

LE PETIT CHAPERON ROUGE

Un conte de Perrault

Illustré par Sophie Heilporn
Adapté par Évelyne Lallemand

Il était une fois une fillette qui portait toujours un joli capuchon rouge. On l'appelait le Petit Chaperon rouge. Un jour, elle alla porter à sa grand-mère une bonne galette et un petit pot de beurre. En traversant le bois, elle croisa le loup. « Comme tu as l'air gentil ! lui dit-elle.

– Bien sûr que je le suis ! » mentit le loup.

Ils parlèrent encore, et le loup apprit que le Petit Chaperon rouge se rendait chez sa mère-grand. Le Petit Chaperon rouge reprit son chemin, ramassant une fleur ici, courant derrière un papillon plus loin… Le loup, lui, se léchait les babines en filant chez la mère-grand…

Il frappa bientôt à sa porte. Toc ! Toc !
« Qui est là ? demanda la mère-grand.
– C'est votre Petit Chaperon rouge, dit le loup en prenant une voix d'enfant.
– Entre vite », répondit la mère-grand.
Alors le loup entra, se jeta sur la pauvre dame, et l'avala tout rond !
Quand le Petit Chaperon rouge arriva à son tour, elle fut bien étonnée.
« Oh, grand-mère, que tu as de grandes oreilles et de grands yeux ! s'écria-t-elle.

– C'est pour mieux t'écouter et te voir, mon enfant, dit le loup d'une voix chevrotante.
– Oh, grand-mère, que tu as de grandes dents ! ajouta la petite fille.
– C'est pour mieux… TE MANGER ! » répondit le loup.
Alors, il se jeta sur le Petit Chaperon rouge et l'avala tout rond !

Le ventre plein, le loup s'endormit aussitôt. Un chasseur qui passait par là fut très surpris d'entendre la grand-mère du Petit Chaperon rouge ronfler très fort. Il entra donc dans la maison, et quand il vit le loup, il n'hésita pas : il lui ouvrit le ventre ! Ainsi le Petit Chaperon rouge et sa grand-mère revirent le jour.

Elles furent si heureuses qu'elles partagèrent la galette et le petit pot de beurre avec le chasseur qui les avait sauvées.

FIN

L'INTRÉPIDE SOLDAT DE PLOMB

Un conte d'Andersen

Illustré par Serge Ceccarelli
Adapté par Évelyne Lallemand

Vingt-cinq soldats de plomb étaient couchés dans une boîte. Ils portaient un bel uniforme rouge et bleu, ils avaient la baïonnette à la main et ils étaient tous semblables. Sauf un à qui il manquait une jambe car il ne restait plus assez de plomb lorsqu'il avait été coulé. Ce fut à ce soldat-là qu'il arriva une très curieuse aventure. Voici ce qui se passa. Avec ses frères, il fut offert à un petit garçon dont c'était l'anniversaire, ce jour-là. Oh, qu'il fut heureux d'entendre l'enfant s'écrier :
« Des soldats de plomb ! J'en rêvais depuis si longtemps ! »
Oh, qu'il fut heureux de se retrouver hors de la boîte !

Ce jour-là, sur la table de jeu, malgré son unique jambe, il défila, très droit, très fier, devant un château de carton, devant quantité d'autres jouets, et surtout devant une ravissante danseuse. Elle levait si haut la jambe que le soldat de plomb crut que, comme lui, elle n'en avait qu'une. « Il faudrait que je fasse sa connaissance », songea-t-il, le cœur battant.

À la tombée de la nuit, contrairement à ses frères de combat, il ne fut pas remis dans la boîte par le petit garçon. Il resta debout sur son unique jambe devant la si jolie danseuse. Ils se regardaient tendrement sans bouger, sans oser se parler, mais autour d'eux, c'était un grand remue-ménage : les jouets restés sur la table dansaient, se bataillaient ou faisaient la culbute.

Au matin, le calme était revenu. L'enfant arriva et la première chose qu'il fit, ce fut de placer le soldat de plomb sur la fenêtre. Mais le vent se leva et, pour le malheureux guerrier, ce fut une chute effroyable, tête la première, du haut du troisième étage. Baïonnette en avant jambe en l'air, il se retrouva coincé entre deux pavés dans la rue. Le petit garçon et sa bonne descendirent à sa recherche. Quand ils vinrent à passer près de lui, le soldat de plomb aurait pu crier : « Je suis ici ! » Mais il ne trouva pas cela convenable pour un intrépide soldat de plomb.

Peu après, la pluie se mit à tomber si fort qu'elle forma un ruisseau dans le caniveau. Soudain, surgirent deux gamins qui, eux, découvrirent le soldat de plomb.
« Il va faire un voyage en bateau », décidèrent-ils.
Ils firent un bateau avec un journal, placèrent le soldat de plomb au milieu, et l'embarcation s'en alla au fil de l'eau. Malgré les vagues du ruisseau, malgré le roulis et le tangage, le capitaine demeura très droit dans son bel uniforme rouge et bleu, baïonnette fièrement brandie vers le ciel.

Soudain, le bateau fut précipité dans un trou sombre, et un gros rat d'égout surgit.
« As-tu un passeport ? » demanda-t-il au soldat de plomb.

Mais le bateau l'avait déjà dépassé, emporté par le courant. Tout à coup, retentit un grondement effrayant. Le ruisseau venait de se déverser dans un grand canal ! Le soldat de plomb se tint aussi droit qu'il put en serrant sa baïonnette. L'embarcation tournoya trois, quatre fois, puis se remplit d'eau. Assurément, elle allait couler. Le soldat de plomb eut bientôt de l'eau jusqu'au cou.

Il se sut perdu et ferma les yeux pour penser une dernière fois à la ravissante danseuse qu'il ne reverrait jamais plus. En cet instant où il pensait si fort à elle, il tomba et sombra au fond du canal.

Mais il se trouve qu'un gros poisson, qui nageait par ici, avala tout rond le soldat de plomb. Qu'il faisait sombre dans son ventre ! Que le soldat s'y sentait à l'étroit ! Mais il fit de son mieux pour supporter sa triste situation.

Tout à coup, le gros poisson s'agita violemment, se trémoussa, puis ne bougea plus du tout.

Le temps passa.
Brusquement, il y eut comme un éclair, une grande lumière, et quelqu'un s'écria :
« Oh, le soldat de plomb disparu ! »

C'était la bonne du petit garçon qui parlait ainsi. Elle avait acheté au marché le gros poisson, lui avait ouvert le ventre, et venait de découvrir à l'intérieur le soldat de plomb. Elle se hâta de le porter au petit garçon qui, tout joyeux, le posa sur sa table de jeu, parmi ses autres jouets.

C'est ainsi que le soldat qui n'avait qu'une jambe revit sa si ravissante danseuse. Il fut sur le point de pleurer, mais s'en garda bien : voyons, ce n'était pas convenable pour un intrépide soldat de plomb qui avait vécu une si grande aventure !

FIN

LES SEPT CORBEAUX

Un conte de Grimm

Illustré par Anne Tonnac
Adapté par Évelyne Lallemand

Un homme et son épouse avaient sept garçons. Ils espérèrent que leur huitième enfant serait une fille. Et il en fut ainsi. Hélas ! ce bébé était si petit et si faible que tous deux pensèrent qu'il allait mourir : aussi décidèrent-ils de le baptiser avant qu'il ne fût trop tard. Pour ce faire, il fallait de l'eau. En hâte, ils envoyèrent leurs sept garçons remplir une cruche à la rivière. Les enfants y coururent, mais, là-bas, une querelle éclata entre eux, chacun voulant emplir la cruche. Ils se chamaillèrent et se bousculèrent si fort que celle-ci leur échappa des mains. Et comme ils ne purent la récupérer, ils n'osèrent rentrer à la maison.

Ne les voyant pas revenir, leur père finit par s'écrier :
« Que ces maudits garçons soient transformés en corbeaux ! »

À peine eut-il dit ces mots qu'il vit passer au-dessus de lui sept corbeaux d'un noir de jais qui s'éloignèrent à tire-d'aile. Il comprit ce qu'il était advenu de ses fils et immense fut sa peine, ainsi que celle de son épouse.

Mais leur fillette échappa à la mort, et cela leur apporta quelque consolation. De jour en jour, elle reprit des forces. De jour en jour, elle devint de plus en plus belle. Son père et sa mère se gardèrent bien de lui dire qu'elle avait causé la disparition de ses sept frères. Or il advint que, par le plus grand des hasards, elle l'apprit quelques années plus tard. Bouleversée, elle se jura de délivrer ses frères de l'enchantement dont elle était la cause. Alors, elle s'en alla à leur recherche.

Elle n'emporta qu'une bague qui appartenait à sa mère, une miche de pain pour se nourrir, une cruche d'eau pour se désaltérer et un tabouret pour se reposer. Elle marcha droit devant elle, loin, de plus en plus loin de sa maison, elle alla jusqu'au bout du monde. Lorsqu'elle approcha du soleil, elle le trouva si brûlant qu'elle courut vers la lune. Mais la lune lui sembla si froide, si méchante qu'elle courut se réfugier auprès des étoiles.

Elles écoutèrent son histoire et se montrèrent gentilles avec elle. Quand l'étoile du matin se leva, ce fut pour lui donner un osselet.

« Grâce à cet osselet, lui dit-elle, tu pourras ouvrir la Montagne de Verre où vivent désormais tes frères. »

L'enfant serra le précieux osselet dans son mouchoir, puis partit. Longtemps, elle marcha dans la direction que lui avait indiquée l'étoile du matin et enfin, à la nuit tombée, elle atteignit la Montagne de Verre qui brillait de mille feux et dont la porte était fermée.

La fillette ouvrit son mouchoir et poussa un cri d'effroi : le précieux osselet avait disparu ! Elle l'avait perdu en chemin ! Alors, pour franchir la porte de la Montagne de Verre, elle prit un couteau et coupa l'un de ses petits doigts. Surmontant sa douleur, elle le glissa dans la serrure et… la porte tourna sur ses gonds. Aussitôt, apparut un nain qui demanda :
« Que cherches-tu, mon enfant ?

– Mes frères, les sept corbeaux, répondit-elle.
– Ils ne sont pas ici, dit le nain, mais entre et patiente jusqu'à leur retour. »
Tandis qu'elle attendait, le nain servit le repas des corbeaux dans sept assiettes et versa de la boisson dans sept gobelets. Tout cela sentait si bon que la fillette n'y résista pas : elle mangea dans chaque assiette et but dans chaque gobelet. Or dans le septième, sans s'en apercevoir, elle laissa tomber la bague qu'elle avait emportée avec elle.

À cette seconde, il y eut un si grand bruit d'ailes et de croassements que la fillette affolée courut se cacher derrière une porte. Elle vit alors les sept corbeaux s'asseoir à table, disposés à dîner. Mais, tour à tour, ils dirent, l'air mécontent : « Qui a mangé dans mon assiette ? Et qui a bu dans mon gobelet ? Des lèvres humaines y ont touché… »
La fillette n'osa quitter sa cachette de crainte de se faire gronder.

Elle vit ensuite les sept corbeaux se désaltérer. Soudain, l'un d'eux découvrit dans son gobelet la bague. Il la reconnut à l'instant et s'écria :
« Si seulement notre sœur était là, nous serions délivrés de notre enchantement ! »
En entendant ce souhait, la petite fille quitta sa cachette et se précipita vers ses frères qui, aussitôt, retrouvèrent leur forme humaine. Tous l'embrassèrent de bon cœur, puis, ensemble, très joyeux, ils quittèrent la Montagne de Verre.

FIN

LA BERGÈRE ET LE RAMONEUR

Un conte d'Andersen

Illustré par Sandra Smith
Adapté par Évelyne Lallemand

Dans un salon, il y avait une armoire sur laquelle étaient sculptés des cerfs et un homme assez comique à regarder car il avait des pattes de bouc, des cornes au front et une longue barbe. Les enfants de la maison l'appelaient le major-général-en-chef-aux-pieds-de-bouc, ce qui est un nom plutôt difficile à prononcer. Il était donc là, toujours à fixer une table où se trouvait une ravissante bergère en porcelaine coiffée d'un chapeau doré qui tenait une houlette. Près d'elle, il y avait un ramoneur, noir comme la suie, bien qu'il fût aussi en porcelaine.

La bergère et le ramoneur, à force de rester l'un près de l'autre, finirent par se plaire et se fiancer en secret. Mais non loin d'eux, se tenait un vieux Chinois de porcelaine qui pouvait hocher la tête. Il prétendait être le grand-père de la bergère et, un beau jour, il voulut la marier au major-général-en-chef-aux-pieds-de-bouc.

« Je refuse d'aller dans l'armoire, protesta la bergère. Il paraît qu'il y a déjà onze femmes de porcelaine.

– Tu seras la douzième, répliqua le Chinois. Cette nuit, dès que l'armoire craquera, vous célébrerez vos noces. »

Sur ces mots, il s'endormit en hochant la tête.

Les larmes aux yeux, la bergère regarda son ramoneur bien-aimé. « Je ne veux pas rester ici, lui chuchota-t-elle. Emmène-moi bien vite dans le vaste monde.
– Je veux ce que tu veux, murmura-t-il. Partons dès à présent. »
Il lui montra où elle devait poser ses pieds pour descendre de la table sans tomber. Il l'aida, il la soutint, et ils arrivèrent sans encombre sur le parquet. Puis ils coururent vers le poêle qui menait à la cheminée.

Mais les cerfs et le major-général-commandant-en-chef-aux-pieds-de-bouc de l'armoire se réveillèrent. Ils crièrent : « Ils se sauvent ! » Le vieux Chinois s'agita tant qu'il tomba de la table.

Ni la bergère ni son fiancé ne s'en aperçurent. Ils venaient de refermer la porte du poêle derrière eux. Là, ils reprirent leur souffle et le ramoneur demanda :

«La route qui mène au vaste monde va être difficile.
Auras-tu le courage de la parcourir ?
– Je l'aurai », affirma-t-elle.

Alors, se tenant par la main, ils franchirent le tuyau du poêle et s'engagèrent dans le conduit de la cheminée.

« Regarde, là-haut, brille une étoile d'or ! Elle va nous guider, nous protéger », chuchota le ramoneur.

Et tous deux s'agrippèrent aux parois de la cheminée, puis se rapprochèrent de l'étoile d'or, s'aidant parfois de l'échelle du ramoneur. Qu'il faisait sombre ici ! Que la bergère peinait à grimper ! Son fiancé l'aidait de son mieux, la soulevait, la soutenait. Enfin, ils parvinrent en haut de la cheminée, sains et saufs, mais si fatigués qu'ils s'assirent sur le rebord de briques. Le ciel immense où brillait l'étoile d'or s'étendait au-dessus d'eux. La ville et ses milliers de toits étaient à leurs pieds. La bergère regarda tout cela et la tête lui tourna. Le monde était si vaste !

Et ce monde si vaste lui fit peur ! Elle se blottit contre le ramoneur et se mit à sangloter en avouant :

« Je voudrais être de nouveau sur la table du salon ! Mon bonheur est là-bas et non dans ce monde trop grand pour moi. Si tu m'aimes un peu, petit ramoneur, ramène-moi à la maison.

– Je veux ce que tu veux » , murmura-t-il de nouveau.

À la descente, ils peinèrent tout autant qu'à la montée, mais ils arrivèrent sans encombre dans le poêle. Ils s'arrêtèrent derrière la porte, tendirent l'oreille. Pas un bruit au salon… Ils jetèrent un coup d'œil et virent le vieux Chinois brisé en trois morceaux sur le parquet.
« À cause de moi, il s'est cassé, gémit la bergère. Oh, pourvu qu'on arrive à le recoller ! »
Se tenant par la main, ils franchirent la porte du poêle et allèrent reprendre leur place sur la table.

Au matin, la bergère fut tout heureuse de voir quelqu'un de la maison recoller le vieux Chinois et fixer sa tête à son corps avec une solide attache.
« Vieux Chinois, depuis que vous avez été cassé, vous avez l'air bien fier, dit le major-général-en-chef-aux-pieds-de-bouc ce soir-là. Alors, me donnez-vous la bergère ? »

La bergère et le ramoneur regardèrent le vieux Chinois, effrayés à l'idée qu'il hochât la tête pour donner son consentement. Mais il ne le pouvait plus à cause de l'attache. Et il en était si honteux qu'il s'était juré de ne plus dire un mot ! Les fiancés de porcelaine restèrent donc ensemble et s'aimèrent tendrement. Jusqu'au jour où ils furent cassés à leur tour...

FIN

LA CHÈVRE DE M. SEGUIN

Un conte de Daudet

Illustré par Michèle Forest
Adapté par Évelyne Lallemand

Ah, qu'elle était jolie la chèvre de M. Seguin, avec ses yeux doux et ses longs poils blancs qui lui faisaient une houppelande ! Ah, qu'elle broutait l'herbe de bon cœur dans l'enclos !
« Elle, elle ne sera pas imprudente comme mes autres chèvres, se disait M. Seguin.

Elle n'ira pas dans la montagne. Elle ne sera pas mangée par le loup… »
Un jour, pourtant, il la vit tourner la tête du côté de la montagne. Pour qu'elle n'aille pas gambader là-haut, pour qu'elle ne soit pas mangée par le loup, il l'enferma vite dans l'étable.

À quoi bon ? Un matin, la jolie petite chèvre blanche réussit à se sauver. Quand elle arriva dans la montagne, les sapins la reçurent comme une reine. Elle roula le long des talus. Elle escalada des pics. Elle franchit des torrents. La fleur à la bouche, elle en oublia le loup qui mangeait les chèvres de M. Seguin quand elles se sauvaient.

Tout à coup, l'air devint plus frais, la montagne devint violette. C'était le soir.

« Reviens ! » cria M. Seguin, au loin.

Mais il était trop tard ! Le loup était déjà là, avec ses yeux méchants, ses crocs pointus. Tête basse, cornes en avant, la chevrette décida de se défendre.

Plus de dix fois, elle força le loup à reculer. Plus de dix fois, le loup faillit tomber dans le ravin. Coups de cornes, coups de dents : le combat dura toute la nuit. Mais quand le coq chanta dans la vallée, la chevrette épuisée s'allongea par terre dans sa fourrure tachée de sang. Alors le méchant loup mangea l'imprudente chèvre de M. Seguin, qui, une journée durant, s'était si bien amusée dans la montagne.

FIN

HANSEL ET GRETEL

Un conte de Grimm

Illustré par Sandra Smith
Adapté par Olivier de Vleeschouwer

Il était une fois un pauvre bûcheron, sa femme, et ses deux enfants. Le garçon s'appelait Hansel et la fille Gretel. Un jour, il resta si peu à manger qu'en se mettant au lit, la femme du bûcheron soupira :
« Demain, nous emmènerons les enfants au cœur de la forêt. Nous leur donnerons un dernier bout de pain, et puis nous partirons... Ainsi, nous en serons débarrassés ! »
Le brave homme tout d'abord refusa, mais la marâtre insista tant qu'à la fin, il céda.

Les deux enfants avaient tout entendu. Gretel pleurait mais Hansel la consola tendrement :
« Je vais tout arranger ! » dit-il.
Et il sortit sans bruit, ramassa des cailloux blancs qu'il trouva devant la maison et se remit au lit. Au matin, le bûcheron et sa femme emmenèrent les enfants dans la forêt. En cachette, Hansel sema les cailloux blancs tout au long du chemin.
« Restez là, soyez sages ! Je vais couper du bois… »
La marâtre leur donna à chacun un petit bout de pain.

Bien sûr, le bûcheron et sa femme ne revinrent pas. Hansel et Gretel mangèrent leur pain, puis s'endormirent. Quand ils se réveillèrent, il faisait nuit. Ils suivirent les cailloux et retrouvèrent le chemin de leur maison facilement. Huit jours passèrent.

« Demain, nous conduirons les enfants plus loin encore… Si loin qu'ils ne reviendront jamais ! » dit la marâtre à son mari quand ils furent couchés.

Hansel voulut reprendre des petits cailloux blancs. Hélas, la porte était fermée à clé !

« Dieu nous aidera ! » dit Hansel à Gretel pour la réconforter.

Au lieu des cailloux blancs, ce fut du pain qu'Hansel sema tout le long du chemin. Mais les oiseaux le picorèrent et les enfants furent bel et bien perdus... Ils marchèrent longtemps, longtemps. Ils découvrirent enfin une maisonnette. En s'approchant, les deux enfants ouvrirent de grands yeux. Le toit de la maison était en biscuit et tous les murs en pain d'épice...

Hansel et Gretel s'approchèrent, mangèrent un bout de toit et un coin de fenêtre.
« Grignoti-grignoton, qui grignote ma maison ? fit une voix, sortant de l'intérieur.
– C'est le vent ! » répondirent les enfants.
Alors, la porte s'ouvrit. Une très vieille femme apparut. Hansel et Gretel sursautèrent.
« Ne craignez rien, dit la vieille en leur prenant la main. Chez moi vous serez bien et vous n'aurez jamais faim ! »

En réalité, la vieille était une très méchante sorcière. Elle empoigna Hansel et l'enferma derrière une grille.
« Tu feras la cuisine pour ton frère! dit-elle à Gretel. Quand il sera bien gras, je le mangerai... »
Quelques jours plus tard, la sorcière décida qu'Hansel était à point ! Elle remplit d'eau une grande marmite et y jeta un tas de beaux légumes.
Elle alluma ensuite un énorme feu dans la cheminée.
« Remue bien ce bouillon ! ordonna-t-elle à Gretel. Tout à l'heure, nous y cuirons ton frère !
– Je suis bien trop petite ! Si haute est la marmite ! » pleurnicha Gretel.
La sorcière la traita de bonne à rien. Dès que la vieille se pencha pour remuer le bouillon à sa place, Gretel la précipita de toutes ses forces dans le feu.

La sorcière avait accumulé un vrai trésor. En fouillant dans son grenier, Hansel et Gretel découvrirent un tas de pierres précieuses dont ils remplirent leurs poches.

Le bûcheron, qui ne s'était pas remis de la disparition de ses enfants, pleura de joie en les voyant revenir. Sa femme était morte. À présent qu'ils étaient riches, ils vivraient heureux et sans aucun souci !

FIN

LES HABITS NEUFS DE L'EMPEREUR

Un conte d'Andersen

Illustré par Boiry
Adapté par Évelyne Lallemand

Il était une fois un empereur très coquet qui adorait les habits neufs. Sans cesse, il commandait des tissus et des vêtements magnifiques à ses tisserands et ses couturiers. Il changeait de tenue à toute heure du jour et même de la nuit. Il passait de longs moments à s'admirer dans ses miroirs ou à se promener dans sa ville. Rien ne l'enchantait davantage que d'entendre les gens s'exclamer sur son passage :
« Quel superbe costume ! Que la coupe est parfaite ! Ah, que cela lui va bien ! »

Un jour, tandis que cet empereur très coquet souriait de bonheur, il entendit deux hommes annoncer :
« Nous sommes tisserands de talent, sachant faire un tissu étonnant. Ses couleurs et ses dessins paraissent irréels, mais son pouvoir est exceptionnel. »
Poussé par la curiosité, l'empereur s'approcha et les questionna.

Les deux tisserands s'empressèrent de lui révéler que leur tissu était invisible pour les sots et les nigauds. Évidemment, ils se gardèrent d'avouer qu'ils étaient deux fripons !

« Un vêtement confectionné dans cette étoffe est sans prix ! songea l'empereur très coquet. C'est un habit comme celui-là qu'il me faut. Grâce à lui, je saurai qui est intelligent et qui est sot ou nigaud autour de moi ! »
Il invita les deux tisserands au palais, les installa dans la plus belle des salles avec leurs métiers à tisser, puis, pour qu'ils fabriquent au plus vite cette étoffe de rêve, il leur donna mille écus, mille fils de soie de toutes les couleurs et mille fils d'or.

Une fois seuls, les deux coquins cachèrent les écus, les fils de soie et d'or dans leurs sacs, puis ils commencèrent à… faire semblant de travailler ! Le lendemain, le surlendemain, huit jours durant, ils redemandèrent des écus et des fils pour les enfouir dans leur sac et, bien sûr, ne tisser que du vent ! L'empereur très coquet avait hâte de contempler l'étoffe fabuleuse, mais il pensait :
« Et si j'étais sot ou nigaud ? Et si je ne voyais pas le tissu ? »

Un beau matin, il envoya donc son premier ministre auprès des tisserands. Quand le vieil homme entra dans la grande salle, il écarquilla les yeux. Pour en avoir le cœur net, il enleva ses lunettes, les rechaussa, les enleva de nouveau. Il croyait avoir la berlue : sur les métiers à tisser, il n'y avait rien, absolument rien ! « Serais-je sot ou bien nigaud ? se demanda-t-il avec effroi. Si tel est le cas, personne ne doit s'en douter ! »
En toute hâte, il déclara aux deux coquins qui le pressaient de questions à propos de leur tissu fabuleux :
« C'est une merveille, c'est une splendeur ! »
Puis il rechaussa ses lunettes et courut rejoindre l'empereur très coquet.

« C'est une merveille, c'est une splendeur, mais ce n'est point encore achevé ! » lui annonça-t-il, un peu tremblant.
Les jours suivants, les deux fripons réclamèrent encore des écus, des fils d'or et des fils de soie. Il en fallait tant pour leur tissu ! Bien entendu, ils mettaient le tout dans leur sac et ne tissaient que le vent, même s'ils ne se couchaient qu'à minuit passé pour prouver à quel point ils avaient le cœur à l'ouvrage. L'empereur très coquet brûlait toujours d'envie de voir le tissu fabuleux, mais continuait à penser :
« Et si j'étais sot ou nigaud ? Et si je ne voyais pas le tissu ? »

Aussi envoya-t-il son grand chambellan auprès des deux tisserands. Évidemment, il sursauta en découvrant les métiers vides. « Serais-je sot ou bien nigaud ? se demanda-t-il avec effroi. Si tel est le cas, personne ne doit s'en douter ! »
En toute hâte, il déclara aux deux coquins qui le pressaient de questions à propos de leur tissu fabuleux :
« C'est une merveille, c'est une splendeur ! »
Puis il rejoignit l'empereur et lui dit :
« C'est un tissu d'une beauté incomparable que Votre Majesté devrait porter le jour de la Grande Procession ! »

Bientôt, la ville entière ne parla plus que de cette étoffe d'une beauté incomparable ! Le jour de la Grande Procession approchant, l'empereur décida qu'il irait admirer le tissu, en compagnie des gens de sa cour. Quelle ne fut pas leur surprise à tous, de voir les deux hommes tisser, sans le moindre fil de soie ou d'or, et même sans aucune espèce de fil ! Chacun, à commencer par l'empereur, faillit s'étouffer de stupeur et pensa :
« Serais-je sot ou bien nigaud ? Si tel est le cas, personne ne doit s'en douter ! »

Mais l'empereur fut le premier à s'écrier :
« C'est une merveille ! C'est une splendeur ! C'est admirable ! »
Et autour de lui, on répéta :
« C'est une merveille ! C'est une splendeur ! C'est admirable ! »
Alors, en guise de récompense, l'empereur très coquet donna aux deux coquins le titre très envié de gentilshommes tisserands, beaucoup d'écus et de fils, tout en les implorant de se hâter afin que l'étoffe merveilleuse soit achevée pour la plus belle fête de la ville : la Grande Procession.

Les fripons redoublèrent d'activité ! Ils tissèrent le vent, des jours et des nuits durant à la clarté de seize chandelles. Un soir, enfin, ils retirèrent l'étoffe des métiers ou plutôt firent mine de la retirer. Ils la taillèrent avec des ciseaux qui ne coupèrent que l'air, la cousirent avec des aiguilles dans le chas desquelles ne passait aucun fil ! C'était la veille de la Grande Procession. Le lendemain matin, suivi de sa cour, l'empereur très coquet pénétra dans la salle.

« Voici le pantalon, voici l'habit, voici le manteau et la traîne ! annoncèrent solennellement les deux fripons. C'est léger comme une toile d'araignée. On croirait n'avoir rien sur le corps ! Si Votre Majesté daigne se déshabiller, nous lui essaierons ses habits neufs. »

L'empereur sourit, obéit, leva les jambes comme pour enfiler le pantalon, tendit les bras comme pour mettre l'habit, baissa les épaules comme pour revêtir le manteau.

Le grand chambellan et le premier ministre se baissèrent comme pour ramasser la traîne, élevèrent les mains comme pour la soulever, puis, lorsque l'empereur s'approcha de son miroir, ils s'exclamèrent avec toute la cour :
« Quelle coupe élégante ! Quels dessins ! Quelles couleurs ! Quel précieux costume ! »
L'empereur très coquet s'admira dans son miroir, sourit de bonheur et avoua :
« Je crois que je ne suis pas mal ainsi ! »

Puis, il sortit de son palais et s'en alla à travers la ville. À toutes les fenêtres, dans toutes les rues, les gens criaient : « Quel superbe costume ! Que la traîne est gracieuse ! Que la coupe est parfaite ! Ah, comme cela va bien à l'empereur ! » Soudain, de la foule, une voix d'enfant s'éleva haute et claire :

«Mais l'empereur n'a pas d'habit! L'empereur est tout nu!»
La nouvelle se répandit comme une traînée de poudre, et brusquement, la foule imita le petit enfant. Elle cria:
«Mais l'empereur n'a pas d'habit! L'empereur est tout nu!»

L'empereur très coquet frissonna. Il lui sembla que son habit neuf ne lui tenait guère chaud, que ses sujets disaient peut-être vrai. Mais il ne rougit ni ne s'enfuit : il redressa la tête et, majestueux, impérial, il poursuivit son chemin… pour la plus grande joie des deux tisserands fripons et de nombreux enfants !

FIN

L'HOMME À LA PEAU D'OURS

Un conte de Grimm

Illustré par Serge Ceccarelli
Adapté par Évelyne Lallemand

Il y avait une fois un beau soldat qui, à la fin d'une guerre, se retrouva sans argent, sans foyer. Son fusil sur l'épaule, il allait tristement par le vaste monde quand il vit venir à lui un homme vêtu de vert qui, à la place d'un pied, avait un sabot de cheval. C'était le Diable en personne ! Le soldat le reconnut, mais ne trembla pas.

« Je sais ce qu'il te manque, déclara le Diable. De l'argent ! Tu en auras grâce à moi. Cependant, voyons si tu n'es pas poltron. »

Et surgit un gros ours qui fonça sur le soldat en grognant. Vite, celui-ci épaula son fusil, tira et, au premier coup, abattit la bête féroce.

« Tu es courageux, reconnut le Diable. Tu auras beaucoup d'argent toute ta vie, mais à certaines conditions. Pendant sept ans, tu ne devras ni te laver, ni te couper la barbe, les cheveux et les ongles. Sinon, tu seras à moi. »

Le soldat, songeant à sa misère, accepta la proposition du Diable qui, aussitôt, lui donna son habit vert.
« Ne le quitte jamais, sous peine de redevenir pauvre, ordonna-t-il. Quant à cette peau d'ours, elle sera ton manteau. Recouvre-t'en et garde-la toujours sur toi. Sinon, tu seras à moi. »
Le Diable disparut et le soldat se vêtit de l'habit vert. Il glissa sa main dans la poche : elle était en effet remplie d'or, et il s'en réjouit. Puis il mit la peau d'ours sur son dos et partit dans le vaste monde.

Dès lors, Peau-d'Ours vécut comme un prince. Mais il eut bientôt l'air d'un monstre avec son visage couvert de crasse et de barbe, ses longs cheveux emmêlés et ses ongles démesurés. Lorsque les gens le voyaient, ils s'enfuyaient, épouvantés. Seuls les pauvres l'acceptaient car il se montrait généreux avec eux, et si les aubergistes l'hébergeaient, c'était seulement parce qu'il les payait grassement. Au bout de quatre ans, moyennant beaucoup d'or et à condition qu'il ne se montrât à personne, l'un d'eux lui donna une chambre.

Ce soir-là, Peau-d'Ours entendit sangloter dans la chambre voisine. Il y courut et y trouva un vieillard en larmes. Affolé par son aspect repoussant, celui-ci tenta de fuir, mais au son de cette voix humaine qui s'inquiétait pour lui, il se rassura et expliqua la raison de son chagrin : il n'avait plus de quoi payer l'aubergiste, il allait être jeté en prison. Il n'en fut rien, car Peau-d'Ours régla sa note et lui offrit même une bourse pleine d'or.
« Pour vous remercier, je vous donnerai la main de l'une de mes trois filles, annonça le vieillard. Venez avec moi. »

Tout heureux, Peau-d'Ours se rendit chez lui, mais à sa vue, l'aînée hurla et se sauva. La seconde, apprenant la promesse de son père, s'écria :
« Jamais je n'épouserai ce monstre !
– Cet homme a été si bon que moi, je l'épouserai, assura la cadette.
– Mais tu devras m'attendre trois ans », lui révéla Peau-d'Ours dont le visage s'était illuminé.

Avant de repartir à travers le vaste monde, il retira la bague qu'il avait au doigt, la coupa en deux et en donna une moitié à sa fiancée.
Elle s'habilla de noir et ne pensa plus qu'à Peau-d'Ours. Quant à ses sœurs, trois ans durant, elles ne cessèrent de se moquer de l'affreux mari qu'elle aurait.

Lorsque les sept années furent écoulées, le Diable réapparut, mécontent à l'idée que Peau-d'Ours ne serait jamais à lui. Il lui lança son vieil uniforme, puis réclama son habit vert.

«Je te le rendrai si tu me fais ma toilette», déclara Peau-d'Ours.

Et le Diable dut le laver, le raser, le peigner, lui couper les ongles, bref, lui rendre son aspect de beau soldat. Le cœur joyeux et riche à tout jamais, il alla acheter un splendide uniforme, puis retourna chez sa fiancée.

Personne ne le reconnut ! Le vieillard le prit pour un officier et se fit un plaisir de l'accueillir. Quand le soldat lui demanda s'il voulait bien lui donner sa fille en mariage, les deux aînées virent en lui un futur époux et coururent changer de toilette pour le séduire.

La cadette, toujours vêtue de noir, se contenta de lui offrir du vin. Le soldat fit alors tomber la demi-bague dans le verre, puis le lui tendit. Elle y découvrit le demi-anneau, l'appliqua contre le sien et rougit en constatant qu'ils s'adaptaient parfaitement.

« Oui, je suis ton fiancé à la peau d'ours, mais j'ai retrouvé mon aspect humain », lui dit-il en souriant.

Il la prit dans ses bras et lui donnait un premier baiser lorsque les deux sœurs revinrent. Voyant que le soldat avait choisi leur cadette, de dépit, elles s'enfuirent pour ne plus jamais revenir. Il paraît qu'elles rencontrèrent le Diable vert…

FIN

BARBE-BLEUE

Un conte de Perrault

Illustré par Serge Ceccarelli
Adapté par Évelyne Lallemand

Il était une fois un homme très riche, mais il avait une barbe bleue qui le rendait laid et terrifiant. Et voici qu'il voulut épouser soit l'une soit l'autre des filles de sa voisine. Elles refusèrent tout d'abord. Cette barbe bleue les effrayait tant ! Et puis, nul ne savait ce que les précédentes femmes de cet homme étaient devenues...

Pourtant, elles acceptèrent d'aller avec leur mère dans l'une des splendides demeures de Barbe-Bleue. Alors, huit jours durant, ce ne furent que promenades, parties de chasse ou de pêche, danses et festins, conversations et plaisanteries. Et tout alla si bien que, de retour à la ville, l'une des demoiselles finit par se marier avec Barbe-Bleue.

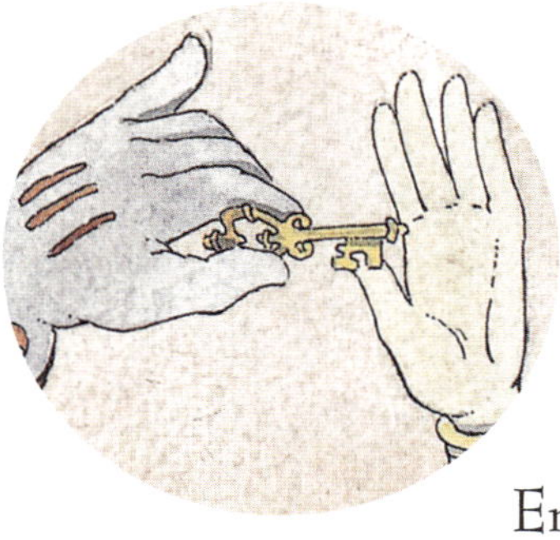

Au bout d'un mois, il lui annonça qu'il s'en allait pour affaires.
«Invitez votre sœur et vos amies, amusez-vous autant qu'il vous plaira dans notre vaste maison, dit-il. En voici toutes les clefs.» Il lui en donna des dizaines et, enfin, une toute petite qui ouvrait la porte d'un cabinet situé au bout d'une longue galerie.
«Je vous la confie, mais je vous interdis d'entrer dans cette pièce car immense serait ma colère...»

À peine Barbe-Bleue fut-il parti qu'arrivèrent la sœur, les amies et même les voisines de la jeune mariée. Bientôt, toutes enviaient son bonheur. Ouvrant les portes, elles ne cessaient de pousser des cris d'admiration devant les tapisseries anciennes, les meubles de prix, la vaisselle d'or et d'argent et les immenses miroirs finement ouvragés.

L'épouse de Barbe-Bleue, elle, était rongée par la curiosité. Oh, qu'elle avait envie d'aller dans le cabinet interdit ! Soudain, n'y tenant plus, elle s'y rendit à l'insu de sa sœur et de ses amies. Elle glissa la clef dans la serrure, la fit tourner, la retira et poussa la porte. La clef lui échappa tant elle fut effrayée. Dans cette pièce, se trouvaient les précédentes femmes de son mari. Toutes étaient mortes ! Il les avait toutes égorgées !

Maîtrisant son effroi, la jeune mariée récupéra la clef, referma la porte et se réfugia dans sa chambre. Et ce fut là qu'elle s'aperçut que la clef était tachée de sang. Hélas ! elle eut beau frotter, le sang ne partit pas. Il est vrai que cette clef était fée… Lorsqu'à son retour, Barbe-Bleue la reprit, il devina sans peine ce qui s'était passé.

« Vous êtes entrée dans le cabinet interdit ! gronda-t-il. Il vous faut mourir à votre tour comme ces dames qui furent trop curieuses ! »

Son épouse se jeta à ses pieds, pleura, implora son pardon, mais Barbe-Bleue avait le cœur plus dur que la pierre : il ne se laissa pas attendrir.

« Puisque je dois mourir, accordez-moi un peu de temps pour prier, l'implora-t-elle.

– Je vous donne un demi-quart d'heure, mais pas une minute de plus », concéda-t-il en se retirant.

Aussitôt la pauvre jeune femme
appela sa sœur.
« Ma sœur Anne, monte à la tour et
vois si nos frères n'arrivent pas. Ils m'avaient
promis de venir aujourd'hui. »
Anne courut en haut de la tour.
« Anne, ma sœur Anne, ne vois-tu rien venir ?
– Je ne vois rien que le soleil qui poudroie
et l'herbe qui verdoie. »
Et le temps passa. Et le demi-quart d'heure
accordé s'écoula. Et Barbe-Bleue, brandissant
un coutelas, cria à son épouse de le rejoindre.
Elle s'en garda bien.
« Anne, ma sœur Anne, ne vois-tu rien venir ?
dit-elle tout bas.
– Je ne vois rien que le soleil qui poudroie
et l'herbe qui verdoie. »

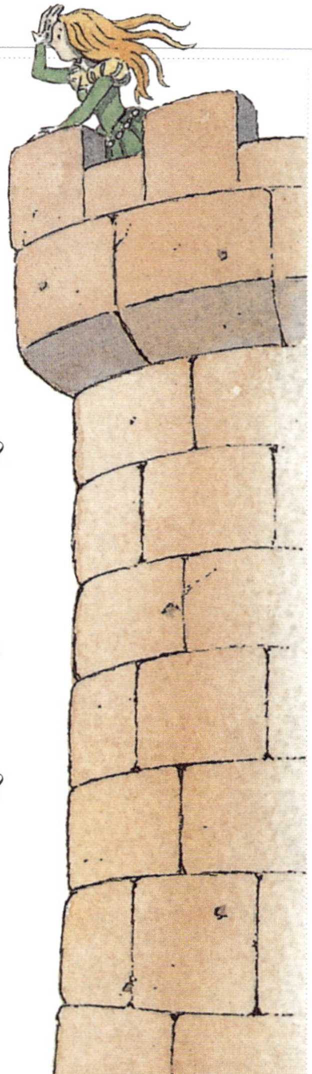

Les appels pressants de Barbe-Bleue retentirent de nouveau.
« Anne, ma sœur Anne, ne vois-tu rien venir ?
– Je vois un nuage de poussière qui vient de ce côté…
– Est-ce que ce sont mes frères ?
– Hélas ! non, c'est un troupeau de moutons.
– Descendez ! tonna Barbe-Bleue.
– Encore un instant, le supplia-t-elle avant d'ajouter : Anne, ma sœur Anne, ne vois-tu rien venir ?
– Je vois deux cavaliers qui viennent de ce côté, mais ils sont loin encore… Dieu soit loué, ce sont nos frères ! »

La voix de Barbe-Bleue tonna encore et force fut à son épouse de le rejoindre. Dès qu'elle fut près de lui, il la saisit par les cheveux et brandit son coutelas. Mais il ne put accomplir son crime : deux cavaliers arrivèrent en trombe dans la maison et le passèrent au fil de leur épée. Ayant hérité des biens de son mari, la jeune dame maria sa sœur, puis épousa un honnête homme qui lui fit oublier le sinistre Barbe-Bleue.

FIN

LES SIX CYGNES

Un conte de Grimm

Illustré par Sandra Smith
Adapté par Évelyne Lallemand

Il était une fois un roi qui s'en fut chasser dans une forêt où il s'égara. Il cherchait depuis longtemps à en sortir quand, soudain, il vit venir une vieille à qui il demanda son chemin.

« Je vous l'indiquerai, dit cette femme qui était sorcière, mais à une condition. Que vous épousiez ma fille. »
Le roi ne put qu'accepter. Mais quand il vit la demoiselle, cependant fort jolie, il frissonna. Quelque chose en elle lui déplaisait. Pourtant, il l'emmena sur son cheval et, après que la vieille lui eut dit par où passer, il regagna son château où les noces furent célébrées sur-le-champ.

Ce roi, qui avait déjà été marié, était père de six garçons et d'une fille qu'il adorait. De crainte que sa nouvelle épouse ne les traitât pas bien, il alla les cacher dans un château perdu au cœur d'une forêt. Le chemin pour s'y rendre était si difficile à trouver qu'il s'aida d'une pelote de fil magique : quand il la jetait devant lui, elle se déroulait et lui montrait la route à suivre. Ainsi, bientôt, ses enfants furent en lieu sûr.

Il s'absenta si souvent pour aller les voir que la reine s'interrogea. Elle donna tant d'argent aux serviteurs que ceux-ci lui avouèrent l'existence du fil magique, ainsi que celle des six garçons, mais non de la fillette. Dès lors, la femme n'eut de cesse de trouver la pelote enchantée. Elle fouilla le château et, enfin, la découvrit. En hâte, elle confectionna six chemises de soie sur lesquelles elle lança un sortilège, car sa mère lui avait appris la sorcellerie. Tandis que le roi était à la chasse, elle se rendit au château secret grâce au fil magique. Voyant venir quelqu'un et croyant que c'était leur père, les princes coururent à sa rencontre. Vite, la reine lança sur eux les six chemises. À peine les touchèrent-elles que les six garçons se transformèrent en cygnes. Tous prirent leur envol et s'éloignèrent dans le ciel.

D'une fenêtre près de laquelle elle se tenait, leur sœur assista à la métamorphose. Elle poussa un cri et si grande fut sa peine qu'elle partit le soir même à la recherche de ses frères. Elle marcha toute la nuit. Elle marcha tout le jour. Alors qu'elle était à bout de forces, elle découvrit une cabane et y pénétra. Là, il y avait six petits lits. N'osant s'étendre dessus, elle se coucha sous l'un d'eux, à même le sol, et s'endormit.

Le soir tombait lorsqu'elle fut réveillée par un bruissement d'ailes. Et que vit-elle ? Six cygnes qui entrèrent par la fenêtre. Il se passa cette chose inouïe : les plumes s'enlevèrent comme une chemise et six garçons apparurent.

« Mes frères ! » se réjouit la princesse.

Mais sa joie fut de courte durée car les garçons lui apprirent qu'ils ne gardaient leur apparence humaine que quelques minutes par jour.

« Comment puis-je vous délivrer ? leur demanda-t-elle.

– Il faudrait que tu restes six années sans parler et que tu nous couses six chemises de fleurs étoilées », lui avouèrent-ils, persuadés qu'elle ne pourrait jamais faire cela.

Ils connaissaient mal leur sœur ! Pour les sauver, elle les quitta et s'enfonça dans la forêt où elle se réfugia dans un arbre. Au matin, elle partit cueillir des fleurs étoilées. L'après-midi, elle commença à les tisser. Ni ce jour ni les suivants, et cela des années durant, elle ne prononça un mot. Elle cueillait des fleurs étoilées, elle les tissait.
Il advint que des chasseurs la découvrirent et la pressèrent de questions. Pour s'en débarrasser, sans mot dire, elle leur jeta sa chaîne d'or, puis sa ceinture, puis, petit à petit, tout ce qu'elle avait sur elle, hormis sa chemise. Malgré ces cadeaux, les chasseurs s'emparèrent d'elle et la ramenèrent à leur roi.

Il s'en éprit si fort qu'il l'épousa. Avec lui, toujours tissant les chemises, toujours muette comme une carpe, elle eut trois enfants. Mais tous lui furent enlevés par sa belle-mère qui prétendait :
« Cette femme mange ses enfants ! C'est une ogresse. »
Elle le répéta si souvent que le roi finit par la croire, et qu'il condamna son épouse au bûcher. Quand on l'y mena, elle emporta les six chemises de fleurs étoilées qu'elle venait enfin d'achever.

Alors que l'on allumait le feu, six cygnes surgirent et la joie envahit le cœur de la reine. Elle leur lança les six chemises et tous se défirent à l'instant de leur plumage pour redevenir ses frères. Six années s'étaient écoulées : la reine pouvait parler et clamer son innocence. Elle le fit si bien que le roi implora son pardon et qu'elle le lui accorda. À partir de ce jour, avec leurs enfants retrouvés et en compagnie des six frères, ils connurent un bonheur sans fin.

FIN

LE PETIT POUCET

Un conte de Perrault

Illustré par Marcelle Geneste
Adapté par Évelyne Lallemand

Il était une fois un enfant pas plus gros que le pouce. On l'appelait le Petit Poucet. Un jour, ses parents n'eurent plus de quoi le nourrir, lui et ses six frères, et, plutôt que de les voir tous mourir de faim, décidèrent de les abandonner dans la forêt.

Mais le Petit Poucet, qui avait entendu la conversation de ses parents, se leva de bon matin et alla au bord du ruisseau remplir ses poches de petits cailloux blancs. Une fois dans la forêt, il les sema derrière lui et retrouva sans peine le chemin de sa maison.

Mais, de nouveau, ses parents les conduisirent tous dans la forêt. Cette fois, le Petit Poucet sema derrière lui des miettes de pain. Comme il aurait mieux fait de semer des cailloux ! Les oiseaux mangèrent le pain, et il ne retrouva pas son chemin. Les enfants étaient perdus pour de bon ! Ils marchèrent longtemps. Tout à coup, ils arrivèrent à une maison.

Hélas ! C'était celle d'un ogre !
« Cachez-vous sous le lit dans la chambre de mes sept filles ! » leur dit l'ogresse.
Mais quand l'ogre arriva, il cria :
« Je sens la chair fraîche ! »
Et il eut tôt fait de découvrir les sept frères. L'ogre déclara :
« Je les mangerai demain pour mon petit déjeuner ! »

Durant la nuit, le Petit Poucet échangea les bonnets de ses frères et le sien contre les couronnes des filles de l'ogre… Le jour n'était pas encore levé quand l'ogre entra dans la chambre. Il tâtonna dans le noir, toucha sept bonnets et… dévora ses filles ! Puis, repu, il s'endormit si profondément que le Petit Poucet et ses frères purent s'échapper de l'affreuse maison.

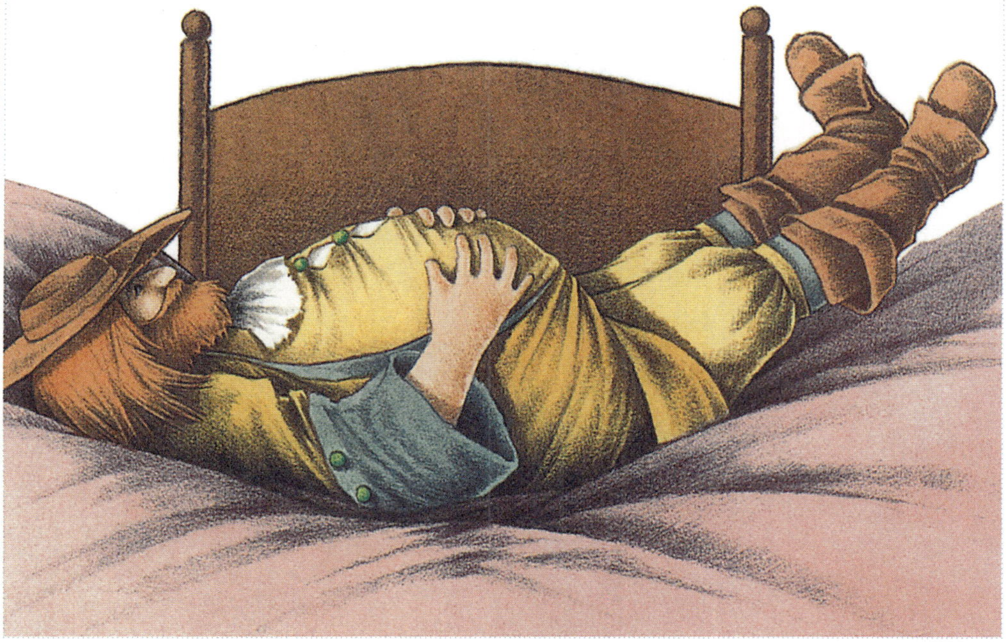

L'ogre s'aperçut bientôt de son erreur. Fou de colère, il partit à la recherche des sept garçons. Longtemps, il courut dans la campagne de toute la vitesse de ses bottes de sept lieues.

Épuisé du long chemin qu'il avait fait, l'ogre voulut se reposer et s'allongea dans l'herbe. Il s'endormit aussitôt.
« Fuyez, mes frères », chuchota le Petit Poucet qui était caché près de là.

Le Petit Poucet s'empara des bottes de l'ogre. Elles étaient magiques et s'ajustèrent à ses pieds. Comme il courait vite maintenant ! Il courait même si vite qu'il devint messager du roi. Et tout l'argent qu'il gagna, il le donna à ses parents qui, ainsi, eurent toujours de quoi nourrir leurs autres enfants.

FIN

LE ROI DE LA MONTAGNE D'OR

Un conte de Grimm

Illustré par Anne Tonnac
Adapté par Évelyne Lallemand

Pour redevenir riche, un marchand qui avait perdu tous ses biens passa un pacte avec un homme en noir. Il s'engagea à lui remettre dans douze ans le premier être qui toucherait sa jambe à son retour chez lui. Or ce ne fut pas son chien comme il s'y attendait, mais son fils, qui ce jour-là fit ses premiers pas.

Le père pâlit d'épouvante et, malgré l'argent qu'il découvrit dans son grenier, son angoisse grandit d'année en année. Lorsque les douze ans furent écoulés, force lui fut d'avouer à son fils le serment qu'il avait prêté avec l'homme en noir.
« Il ne pourra pas s'emparer de moi », assura l'enfant.
Après s'être fait bénir par un prêtre, il s'enferma dans un cercle qu'il traça par terre et appela le noir individu. Tous deux parlementèrent, et convinrent d'un nouvel accord : le garçon monterait dans une barque que le père pousserait sur une rivière. Que se passerait-il ensuite ? Nul ne le savait…

Il se passa ceci : à peine parti au fil de l'eau, le bateau chavira et le père crut que son fils avait péri noyé. Il se trompait : c'est bien vivant que, longtemps après, le jeune garçon échoua sur un rivage. Au loin, il aperçut un château et décida de s'y rendre. Il fut fort surpris de constater que personne n'y vivait. Pourtant, dans la dernière chambre qu'il visita, il vit une couleuvre qui autrefois avait été princesse.

« Il y a si longtemps que je t'attends, dit-elle. Par pitié, délivre -moi ainsi que mon royaume du sort que l'on nous a jeté.
– Que dois-je faire pour cela ?
– Trois nuits durant, douze hommes en noir te battront et te piqueront. Si tu ne dis mot, le sortilège prendra fin.
– Il en sera ainsi », affirma-t-il.

Trois nuits durant, il supporta les tortures des douze hommes en noir sans jamais se plaindre et ainsi, grâce à lui, la couleuvre redevint la jeune fille d'autrefois. Tandis que le château reprenait vie, elle se jeta dans les bras de son sauveur et l'embrassa de tout son cœur. Bientôt, on célébrait les noces de la demoiselle et le fils du marchand devenait le roi de la Montagne d'Or.

Après huit années d'un bonheur parfait avec sa femme et la fillette qu'il eut d'elle, il éprouva l'envie de revoir son père. Au moment des adieux, son épouse glissa à son doigt un anneau. « Il te transportera où tu voudras, révéla-elle. Mais jure-moi de ne point t'en servir pour me faire venir à toi. »
Il jura, puis fit tourner la bague en souhaitant aller chez son père, et il apparut aussitôt devant lui. Comme il fut heureux de le revoir ! Mais lorsqu'il lui conta qu'il avait épousé une princesse, qu'il avait une fille et qu'il était le roi de la Montagne d'Or, le vieillard ne voulut pas le croire. Fâché et oubliant son serment, le jeune homme fit tourner la bague : à l'instant, son épouse et sa fille le rejoignirent. La reine en voulut tant à son mari d'avoir manqué à sa parole qu'un jour où il dormait près d'elle dans un champ, elle reprit délicatement l'anneau. Ensuite elle souhaita retourner chez elle, et la magie opéra. À son réveil, comprenant ce qui s'était passé, son époux se jura de la retrouver.

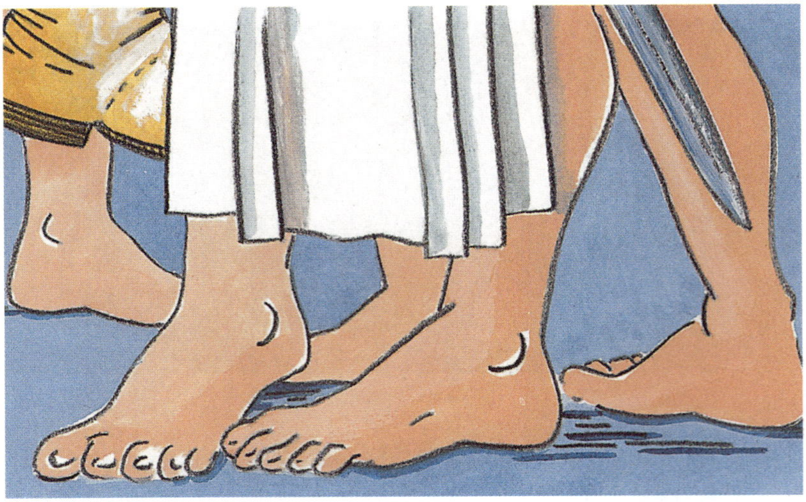

Il se mit donc en route et chemina longtemps. Tandis qu'il franchissait une montagne, il rencontra trois géants qui se querellaient.

« Petit homme, dirent-ils, distribue-nous l'héritage de notre père. »

Il s'agissait d'une épée qui coupait toutes les têtes, hormis celle de son propriétaire, d'un manteau qui rendait invisible et de bottes qui, à peine chaussées, vous menaient où vous vouliez.

« Donnez-moi ces trois choses afin que je vérifie leurs pouvoirs », proposa le roi.

Dès qu'il eut l'épée à la main, le manteau sur le dos et les bottes aux pieds, il songea à son épouse. Et il disparut, emportant l'héritage des trois géants. Lorsqu'il arriva à son château, il apprit une nouvelle qui le mit dans une grande colère : sa femme se remariait déjà !

Comme il était invisible, il se glissa dans la salle du festin et se posta derrière la mariée. Il prit chaque assiette qu'on lui servit. Il but chaque verre qu'on lui versa. Tant et si bien que la reine, affolée et honteuse, se réfugia dans sa chambre en sanglotant. Il posa alors son manteau, redevint visible et cria aux nobles princes, gentes dames et autres invités que la fête était finie. Ils eurent bien tort de rire de lui et de vouloir l'arrêter ! Il brandit son épée magique, la laissa filer. Elle coupa toutes les têtes, hormis la sienne, et de nouveau il fut le roi de la Montagne d'Or.

FIN

LE VILAIN PETIT CANARD

Un conte d'Andersen

Illustré par Marcelle Geneste
Adapté par Olivier de Vleeschouwer

C'était l'été. Le soleil brillait dans toute la campagne. Les blés étaient dorés et les chants d'oiseaux résonnaient dans l'air. À la lisière d'une paisible forêt, près d'un étang planté de roseaux, une cane avait bâti son nid et il lui tardait de voir éclore ses œufs. Enfin vint l'événement tant attendu. Les uns après les autres, les œufs commencèrent à craquer.
« Pip-pip ! faisaient les canetons.
– Coin-coin ! répondait la cane. Vous êtes tous là ? » demanda-t-elle.
Mais, au même moment, elle vit que le plus gros œuf était encore entier et n'avait pas bougé.

«Laisse-le! lui dit son amie la vieille cane. C'est sûrement un œuf de dinde. Les dindes, c'est stupide et ça ne sait pas nager!»

Mais la cane attendit. Enfin le gros œuf se brisa.
«Pip-pip! fit le petit.
– Coin-coin! En voilà un énorme et vilain caneton!» dit la mère, étonnée.

Le lendemain, le temps était magnifique. La maman cane emmena tous ses canetons nager.
« Plouf ! Plouf ! » firent-ils à tour de rôle.
Le caneton gros et gris y plongea à son tour. « Ce n'est donc pas une dinde ! pensa la vieille cane… Mais Dieu qu'il est vilain ! »

Après le bain, vint le moment des présentations. La cane entra dans la basse-cour et ce fut une vraie consternation ! Pauvre petit canard ! Tout le monde se moquait de lui…
« Va-t'en ! criait la fille de la ferme.
– Si seulement le chat t'emportait ! » lui crièrent ses frères et ses sœurs.
Sa mère elle-même l'observait maintenant d'un drôle d'air…
Le lendemain, quand tout le monde dormait encore, le caneton se faufila hors des plumes de sa mère et s'en alla.

Il marcha longtemps et trouva enfin un bel étang où nageaient des canards sauvages et deux jars qui le narguèrent d'un air insolent. Tout à coup, pif ! paf ! les plombs sifflèrent et les jars tombèrent morts dans les roseaux.
Les chasseurs étaient là !
Le caneton se cacha sous des feuilles, et lorsque le calme revint, il poursuivit son chemin, tremblant de peur. Il trouva enfin une ferme où vivait une vieille femme presque aveugle avec une poule et un chat.

« Sais-tu pondre des œufs ? lui dit la poule.
– Sais-tu ronronner ? » questionna le chat.
Comme il ne savait faire aucune de ces deux choses, le caneton se sentit imbécile et s'en alla. Un soir, au coucher du soleil, le vilain petit canard vit passer de grands oiseaux au plumage d'une blancheur éblouissante. Jamais il n'en avait vu d'aussi beaux. Il était tout ému et poussa un cri très étrange qui l'étonna lui-même. Comme il enviait leur beauté, lui qui était si laid !

L'hiver arriva. Il neigea et gela très fort. Le caneton faillit périr vingt fois de faim et de froid. Ce fut un vrai miracle s'il vécut jusqu'au printemps ! Car le printemps revint un beau matin. Alors, sortant des fourrés où il avait trouvé refuge, le caneton se mit à voler.

Ses ailes étaient assez fortes pour le porter loin. Tout à coup, près d'un jardin plein de pommiers en fleur, il aperçut trois cygnes blancs qui nageaient. Les mêmes, exactement, que ceux qu'il avait vus passer à l'automne, et qu'il avait tant admirés. Il se posa sur la mare mais n'osa pas s'approcher des cygnes si beaux. « Pour qu'on se moque encore de moi ? Pas la peine ! » pensait-il. Mais que vit-il, soudain, dans le reflet que l'eau lui renvoyait ? Il n'était plus l'affreux canard, mais un cygne, lui aussi ! Un cygne magnifique ! Son bonheur fut soudain si grand qu'il effaça tous les malheurs par lesquels il était passé. Alors, les trois cygnes s'approchèrent et le caressèrent de leur bec.

FIN

POUCETTE

Un conte d'Andersen

Illustré par Florence Kœnig
Adapté par Olivier de Vleeschouwer

Poucette eut une coquille de noix pour berceau et un pétale de rose pour couverture. Une nuit, alors qu'elle dormait, un ignoble crapaud entra dans sa chambre. « Cette fillette ferait une ravissante femme pour mon fils », pensa-t-il. Et hop, il l'enleva ! Au milieu d'une feuille de nénuphar, au bord d'un ruisseau, le crapaud déposa la coquille de noix. Quand Poucette s'éveilla, elle eut très peur. Elle était prisonnière de l'eau !
« Je te présente mon fils qui sera ton époux », entendit-elle. Et quand elle vit les ignobles crapauds, elle se mit à pleurer.
« Je ne suis pas un crapaud ! pensait-elle. Pourquoi serais-je femme de crapaud ? »

Les poissons du ruisseau avaient tout entendu. Pour sauver Poucette, ils coupèrent la tige de la feuille avec leurs dents. La feuille fut entraînée par le courant, loin des affreux crapauds qui n'avaient rien vu ! Comme elle voguait sur l'eau, un gros hanneton saisit Poucette entre ses pattes et l'emmena dans sa famille en haut d'un arbre.
« Elle n'a que deux pattes ! Elle n'a pas d'antennes ! Peuh, qu'elle est vilaine ! » se moquèrent tous les hannetons réunis. Comme elle ne plaisait à personne, le hanneton redescendit Poucette au pied d'une pâquerette.
« Suis-je donc si laide ? » se demanda Poucette, toute triste.

Tout l'été, Poucette resta seule dans la grande forêt. Elle se nourrissait du pollen des fleurs et buvait des gouttes de rosée. Sous une feuille d'anémone, elle s'était fait un lit douillet. L'été passa, puis l'automne. « Que vais je devenir ? » songeait souvent Poucette.

Un matin, la forêt fut pleine de neige. Pauvre Poucette ! Elle tremblait de froid... Elle marcha longtemps et arriva, épuisée, à la porte d'un mulot qui vivait sous les blés coupés.

« Pauvre petite ! » pensa le mulot en la voyant.

Comme il était gentil, il lui proposa de passer tout l'hiver avec lui.

« Si tu t'occupes de ma maison et me racontes des histoires, tu auras à manger et à boire tout l'hiver ! » dit-il à Poucette.

Le mulot avait un voisin qui était une taupe, aveugle comme toutes les taupes. Ce voisin-là ne supportait ni les fleurs ni le soleil.

« Il est très riche ! affirmait le mulot. Ce serait une grande chance si tu l'épousais ! »

« Suis-je une taupe ? se demandait Poucette. Je ne le crois pas : j'aime tant les fleurs et le soleil ! »
Un jour, le voisin taupe invita Poucette et le mulot à visiter ses galeries. Ils trouvèrent un oiseau mort de froid. C'était une hirondelle. Poucette voulut rester auprès d'elle.
« Adieu, mon bel oiseau ! » dit Poucette, pressant sa tête contre la poitrine de l'oiseau. Alors, réchauffé par le souffle de Poucette, le cœur de l'hirondelle se remit à battre !
Poucette s'occupa de l'hirondelle tout l'hiver. Elle la soigna de son mieux et s'en fit aimer. Le mulot et la taupe croyaient toujours que l'oiseau était mort. Poucette ne leur avait rien dit pour protéger son ami.
« Tes noces approchent ! » répétait le mulot à Poucette.
Mais Poucette était désolée. Elle n'aimait pas la taupe !

Un jour, l'hirondelle dit à Poucette : « Je dois m'en aller… Veux-tu m'accompagner ? »
Et Poucette accepta. Elle s'accrocha au dos de l'hirondelle et, ensemble, elles firent un beau voyage. Elles arrivèrent enfin dans un jardin.
« J'habite ici ! » dit l'hirondelle.
Il y avait un tas de fleurs blanches, très très belles. L'hirondelle déposa Poucette sur une de leurs feuilles. Soudain émerveillée, Poucette aperçut un petit homme pas plus grand qu'elle et transparent comme du verre.
« Dieu ! Qu'il est beau ! » songea Poucette. Il y avait partout des hommes et des femmes qui lui ressemblaient et pour qui Poucette n'était pas une étrangère. Mais le petit homme si joli était le roi de tous ! Il portait une couronne d'or sur la tête.
« Veux-tu devenir ma femme ? » demanda-t-il à Poucette. Poucette accepta avec joie.
« Mais Poucette est un bien vilain nom, et tu es si jolie ! Nous t'appellerons Perlette ! »

FIN

LA BELLE AU BOIS DORMANT

Un conte de Perrault

Illustré par Marie Gard
Adapté par Évelyne Lallemand

Dans un château, au cœur de la forêt, vivaient un roi et une reine. Ils furent si heureux d'avoir une petite fille qu'ils lui donnèrent pour marraines les fées du pays. Selon la coutume, chacune d'elles fit un don à la princesse : la plus jeune lui offrit la beauté, la suivante l'intelligence, la troisième la sagesse.

Les autres marraines lui firent également de précieux cadeaux et prédirent que la princesse danserait à la perfection, chanterait comme un rossignol, et jouerait à merveille de toutes sortes d'instruments. Tout à leur joie, le roi et la reine donnèrent un somptueux festin au château.

Hélas ! Les parents de la jeune princesse oublièrent d'inviter une vieille fée. Celle-ci arriva soudain :
« Un jour, la princesse se piquera le doigt et mourra ! » cria-t-elle méchamment.
Vite, une bonne fée murmura :
« Non, elle s'endormira seulement pour cent ans et un prince charmant la réveillera. »

Le temps passa. La princesse devint belle, et très curieuse ! Un jour, elle vit une vieille femme qui filait sa quenouille. Elle s'empara du fuseau et… se piqua le doigt !
Aussitôt, elle s'endormit ! On la porta sur un lit de broderies d'or et d'argent. La bonne fée accourut.
D'un coup de baguette magique, elle plongea le palais tout entier dans le sommeil.

Cent ans plus tard, un prince, qui traversait le bois, aperçut au loin le château. Pour s'en approcher, il abattit à coups d'épée les broussailles et les ronces qui avaient poussé.

Enfin, il fut dans le château, tout à côté du lit de broderies d'or et d'argent... tout à côté de la princesse. Comme elle était belle !

Si belle qu'il ne put s'empêcher de l'embrasser. Alors elle s'éveilla en même temps que le roi et la reine, et le palais tout entier. Dès le lendemain, les trompettes jouaient pour annoncer le mariage de la Belle au bois dormant et de son prince charmant.

FIN

LE ROI GRENOUILLE

Un conte de Grimm

Illustré par Francine Vergeaux
Adapté par Olivier de Vleeschouwer

Il y a fort longtemps de cela, vivait un roi dont les filles étaient toutes très jolies. Mais la plus jeune était plus belle encore que ses sœurs. Dans la forêt du château, elle avait pour habitude de s'asseoir au pied d'une fontaine. Sitôt que l'ennui la gagnait, elle s'amusait avec une boule d'or qu'elle lançait et rattrapait dans ses mains, des dizaines de fois.
Un jour, la boule d'or rebondit sur le sol et disparut dans l'eau de la fontaine qui était si profonde qu'on n'en voyait pas le fond. La princesse pleura toutes les larmes de son corps. Elle entendit bientôt quelqu'un qui l'appelait.
« Que t'arrive-t-il, petite princesse ? Pourquoi pleures-tu ? »
La princesse leva les yeux, et que vit-elle ? Une grosse grenouille dont la tête sortait de l'eau.

«C'est ma boule d'or qui est tombée dans l'eau ! répondit la princesse. Tu ne peux rien pour moi, vieille radoteuse ! »
La princesse se trompait. La grenouille pouvait l'aider.

« Que me donnerais-tu en échange ? demanda-t-elle.

– Toutes les richesses que je possède seront à toi, chère grenouille ! répondit la princesse.

– Donne-moi plutôt ton amitié, dit-elle. Laisse-moi manger à ta table et partager ton petit lit... Je ne désire pas autre chose !

– Marché conclu ! » s'écria la princesse.

Et la grenouille plongea. Quand la grenouille refit surface et qu'elle donna la boule d'or à la princesse, celle-ci, pleine d'allégresse, s'en retourna chez elle en sautillant.

« Attends-moi ! » clama la grenouille.
Mais la princesse était loin. De sa belle promesse, elle ne se soucia plus ! Le lendemain, alors que la princesse dînait avec le roi et toute la cour, on cogna à la porte et une voix appela :
« Fille du roi, la plus jeune, ouvre-moi ! »
Quand la princesse comprit que la grenouille la demandait, elle devint si pâle que le roi insista pour savoir ce qui la tourmentait. Elle raconta alors l'histoire de la boule d'or, de la grenouille, et parla de cette promesse qu'elle avait faite.

« Ce que tu as promis, il te faut le tenir ! » dit le roi à sa fille. Et la princesse, à contrecœur, alla ouvrir. La grenouille monta alors sur la chaise de la princesse, mangea dans son assiette et but dans son verre. La princesse la laissa faire, mais chacun put voir comme l'animal lui répugnait.

Après, vint l'heure de se coucher.
« Emmène-moi dans ta chambre, je dormirai près de toi ! » dit la grenouille.
La fille du roi se mit à pleurer.
« Il te faut tenir ta promesse ! » dit le roi.
Et la princesse s'exécuta. Mais dans sa chambre, prise de colère et de dégoût, la princesse s'empara de la grenouille et la jeta contre le mur. Oh surprise ! La grenouille se changea en un jeune prince aux yeux pleins de tendresse !

Une vilaine sorcière lui avait jadis jeté un mauvais sort et le roi lui avait promis la main de sa fille… Il raconta à la princesse qu'elle seule avait eu le pouvoir de le sortir de la fontaine et il lui promit de l'emmener, dès le lendemain, dans son royaume.

Au petit jour, le beau prince tint sa promesse. Un carrosse tiré par huit chevaux blancs les mena dans un royaume merveilleux. Ils s'y marièrent et eurent beaucoup d'enfants !

FIN

BLANCHE-NEIGE

Un conte de Grimm

Illustré par Sophie Heilporn
Adapté par Évelyne Lallemand

Il était une fois une reine cruelle qui passait son temps à interroger son miroir magique.
«Miroir, miroir joli, lui disait-elle, qui est la plus belle du pays ?»
Et toujours son miroir lui répondait :
« Vous êtes la plus belle ! »
Un jour, son miroir osa lui dire :
« Ô reine, vous êtes belle, mais Blanche-Neige l'est encore plus que vous ! »

Folle de jalousie, la reine décida de se débarrasser de la pauvre enfant. Elle ordonna à un chasseur de l'emmener dans la forêt et de la tuer… Mais le chasseur n'en eut pas le courage : « Va-t'en, fuis, et ne reviens jamais ! » dit-il à Blanche-Neige. Et la princesse s'enfonça en courant dans la sombre forêt. Les branches et les épines la griffèrent, les grands bras des arbres l'épouvantèrent.

Soudain, elle arriva dans une jolie clairière ensoleillée, devant une maisonnette. Là vivaient sept gentils nains. Ils furent tout heureux d'accueillir Blanche-Neige. Tous les matins, tandis que Blanche-Neige tenait leur maison en ordre, les sept nains partaient dans les montagnes où ils cherchaient de l'or. Blanche-Neige restait seule jusqu'au soir. Un jour, la reine interrogea de nouveau son miroir magique, et voici qu'il dit :
« Ô reine, vous êtes belle, mais Blanche-Neige qui vit chez les sept nains l'est encore plus que vous… »
Aussitôt, la méchante reine se déguisa en vieille femme, se rendit chez les sept nains, et offrit une pomme à Blanche-Neige.

Le fruit était empoisonné ! À peine Blanche-Neige en eut-elle croqué un morceau qu'elle tomba sur le sol, sans vie. Quand les nains la trouvèrent, ils la mirent sur une civière, s'assirent tous les sept auprès d'elle et la pleurèrent longtemps, longtemps...

Un prince vint à passer. Voyant Blanche-Neige si belle, il la prit dans ses bras et la porta sur son cheval. Tout à coup, le cheval trébucha sur une pierre. Aussitôt, le morceau de pomme empoisonnée sortit de la gorge de Blanche-Neige, et elle revint à la vie ! Elle trouva le prince si beau qu'elle lui donna un baiser ! Et les sept nains essuyèrent mille larmes de joie !

FIN

RIQUET À LA HOUPPE

Un conte de Perrault

Illustré par Serge Ceccarelli
Adapté par Évelyne Lallemand

Il était une fois un prince. Parce qu'il vint au monde avec une petite houppe de cheveux sur la tête, on l'appela Riquet à la Houppe. Parce qu'il était effroyablement laid avec son nez rouge, ses yeux qui louchaient et sa bosse dans le dos, une fée se pencha sur son berceau et assura qu'il serait d'une grande intelligence.
« Il pourra même, ajouta-t-elle, donner de l'esprit à celle qu'il aimera le plus. »
Elle se rendit dans le royaume voisin où la reine ne cessait de vanter la beauté de la fille qu'elle venait d'avoir.

« Votre enfant sera aussi stupide qu'elle est belle », prédit la Fée. Lorsque la reine mit au monde une seconde fille, quel chagrin pour elle : cette princesse était d'une laideur repoussante !

«Ne vous affligez pas, dit la bonne fée. Votre enfant sera aussi intelligente qu'elle est laide. Elle pourra même donner de la beauté à celui qu'elle aimera le plus.»
Puis elle disparut. Le temps passa et les deux princesses grandirent.

La cadette devint de plus en plus laide, mais eut de plus en plus d'esprit. Au bal, es jeunes gens finissaient toujours par l'entourer. L'aînée, elle, devint de plus en plus belle, mais aussi de plus en plus sotte et maladroite. Elle ne pouvait boire un verre d'eau sans en renverser sur sa robe ; elle ne pouvait toucher un objet de porcelaine sans le casser.

Un jour, sa mère ne put s'empêcher de lui faire reproche de ses défauts et la pauvre demoiselle, versant mille larmes, alla cacher sa peine dans un bois. Soudain, apparut un jeune homme vêtu d'un habit magnifique, mais affublé d'un nez rouge, d'une bosse dans le dos et d'une houppe de cheveux sur la tête. C'était Riquet à la Houppe qui, en secret, aimait depuis longtemps la princesse pour avoir vu l'un de ses portraits.
« Comment une si belle personne peut-elle être aussi triste ? demanda-t-il d'une voix très douce.
– C'est parce que je suis sotte et maladroite, sanglota-t-elle.
– Rassurez-vous, j'ai le pouvoir de mettre fin à votre chagrin car je puis donner de l'esprit à la personne que j'aime le plus. Or vous êtes cette personne. Il suffit que vous vouliez bien m'épouser. Réfléchissez à ma proposition pendant un an. »

Parce qu'elle était stupide, la demoiselle pensa que la fin de cette année n'arriverait jamais et elle accepta d'épouser Riquet à la Houppe dans un an. Immense fut la stupéfaction au palais quand la princesse y revint. Elle ne disait plus la moindre sottise, elle ne cassait plus rien, elle était d'une intelligence remarquable. On cria au miracle ! Et la nouvelle se répandit dans les royaumes voisins.

Dès lors, innombrables furent les jeunes gens de haut rang à venir demander sa main. Elle les refusa tous jusqu'au jour où elle rencontra un prince si beau, si plein d'esprit et si riche qu'elle sentit son cœur battre pour lui.

Rêvant de lui, elle alla un matin se promener dans le bois où elle avait rencontré Riquet à la Houppe. Soudain, elle entendit du bruit sous ses pieds. Presque aussitôt la terre s'ouvrit et elle vit une immense cuisine où des dizaines de cuisiniers, de marmitons et de rôtisseurs s'agitaient à préparer un grand festin.
« Pour qui travaillez-vous ? leur demanda-t-elle, surprise.
– Pour le prince Riquet à la Houppe dont les noces auront lieu demain », lui expliqua-t-on.
Elle poussa un cri, se rappelant qu'un an plus tôt, tandis qu'elle était sotte, elle avait promis d'épouser ce laideron !

Et voilà qu'il surgit devant elle, vêtu magnifiquement. Elle recula d'un pas, fort embarrassée.
« Auriez-vous l'intention de revenir sur votre promesse ? lui demanda-t-il.
– Une princesse n'a qu'une parole, murmura-t-elle, mais vous avez eu grand tort de m'ôter ma bêtise... »
Longtemps, la princesse parla. Plus longtemps encore, Riquet à la Houppe parla, et tout ce qu'il dit était si intelligent et si tendre qu'à la fin la demoiselle avoua :
« Vous êtes la personne que j'aime le plus. »

Alors, parce qu'une fée lui avait fait don de rendre beau celui qu'elle aimerait le plus, Riquet à la Houppe devint un merveilleux jeune homme. Dès le lendemain, les noces de ce prince et de cette princesse aussi beaux qu'intelligents étaient célébrées.

FIN

PEAU D'ÂNE

Un conte de Perrault

Illustré par Boiry
Adapté par Évelyne Lallemand

Il était une fois un grand roi
qui possédait mille richesses.
Parmi celles-ci, il y avait un âne
très rare qui, chaque matin,
déposait sur sa litière des écus d'or.

Mais après avoir donné naissance à une fillette, l'épouse de ce roi se sentit mourir.

« N'épousez qu'une femme plus belle et plus sage que moi », dit-elle à son mari avant de rendre l'âme.

Des années plus tard, le roi désira épouser sa fille, car elle seule était plus belle et plus sage que sa mère.

Épouvantée à cette idée, la pauvre enfant courut trouver sa marraine la Fée qui s'écria :
« Les filles n'épousent jamais leur père ! Rusez pour éviter ce mariage. Voici ce qu'il faut faire… »

Ce jour-là, la princesse annonça à son père qu'elle l'épouserait s'il lui offrait une robe couleur du Temps, ce qui semblait chose impossible à faire.

Mais elle l'eut !

Dans son bel habit argenté, inspirée par la Fée et sûre que son père ne pourrait la lui donner, elle réclama une robe couleur de la Lune. Mais elle l'eut ! Elle courut trouver la Fée et, le jour même, elle réclama à son père une robe couleur du Soleil, qui était encore moins commune. Mais elle l'eut !

Alors, certaine que son père ne sacrifierait pas pour elle ce bien si précieux, elle lui dit : « Je vous épouserai si vous m'offrez la peau de votre âne. » Mais elle l'eut !

« Mon enfant, couvrez-vous de la peau de l'âne, emportez vos habits, vos bijoux et cachez-vous », lui conseilla la Fée. La princesse quitta donc le château. Elle alla très loin et trouva du travail dans une ferme. Sans jamais se plaindre, elle fit les travaux les plus durs, ne prenant qu'un peu de repos le dimanche.

Un dimanche, tandis qu'elle revêtait sa robe couleur du Soleil, un prince passa par là. Curieux, il mit son œil à la serrure et vit la ravissante jeune fille. La prenant pour une divinité, il n'osa entrer.

« Qui vit dans la maisonnette ? demanda-t-il peu après à la fermière.

– Une souillon que l'on nomme Peau d'Âne. »

Intrigué, le prince rentra chez lui et songea tant à la belle inconnue que, dans la nuit, il tomba malade.

« Je voudrais que Peau d'Âne me fasse un gâteau », dit-il à sa mère inquiète.

Quand on lui rapporta le souhait du prince, qu'elle avait aperçu ce dimanche-là et pour lequel son cœur battait en secret, Peau d'Âne se hâta de préparer une galette. Or sa bague tomba dans la pâte.

En mangeant la galette, le prince trouva une émeraude admirable et fut pris d'une joie incroyable. Hélas ! Il ne guérit pas pour autant et les médecins déclarèrent que le jeune homme était malade d'amour.

« Nomme-nous celle que tu veux épouser, demandèrent ses parents.

– Je veux celle à qui appartient cette émeraude », avoua-t-il en la tirant de sous l'oreiller où il l'avait cachée.

Au son des tambours, les hérauts clamèrent que toutes les jeunes filles du pays devaient venir au château pour essayer une bague, et que celle à qui elle irait épouserait l'héritier du trône. À cette annonce, le cœur de Peau d'Âne se serra de crainte que sa bague n'aille à une autre qu'elle. Pourtant, elle n'osa quitter la ferme.

Princesses, marquises, duchesses accoururent au château. Mais la bague n'alla à aucune d'elles. Comtesses, baronnes et nobles demoiselles accoururent. Mais la bague n'alla à aucune d'elles. Servantes, cuisinières, lingères vinrent à leur tour. Mais la bague n'alla à aucune d'elles. Il ne resta qu'une demoiselle : Peau d'Âne.

Lorsqu'elle entra dans la chambre du prince, de dégoût, on s'écarta sur son passage. Quand le prince glissa la bague à son doigt et qu'on vit qu'elle lui allait à la perfection, on poussa de grands cris. Et à l'instant où elle fit glisser de ses épaules la peau d'âne, on fut muet de stupéfaction. Dans sa robe couleur du Soleil, la demoiselle resplendissait de beauté.L'impatience du prince pour l'épouser fut telle qu'il donna aussitôt l'ordre de préparer le mariage. Il fallait maintenant obtenir le consentement du père de Peau d'Âne. Grâce à la Fée, il finit par le donner, et des noces magnifiques furent célébrées. La fête dura trois mois, mais l'amour des deux époux, lui, dure encore.

FIN

LE ROSSIGNOL DE L'EMPEREUR

Un conte d'Andersen

Illustré par Anne Tonnac
Adapté par Olivier de Vleeschouwer

Il était une fois, dans le grand pays de Chine, un empereur qui avait pour château la plus belle merveille du monde ! Tout y était d'une splendeur incomparable, et le jardin était si grand que le jardinier lui-même n'en avait jamais vu le bout. Une forêt descendait vers une mer du plus beau bleu et les grandes barques pouvaient voguer sous les branches. Là, vivait un rossignol qui chantait à ravir. Les étrangers venaient de partout visiter la ville impériale. Ils admiraient, bien sûr, le château et le jardin, mais en entendant le rossignol, tous s'écriaient :
« C'est encore ce qu'il y a de plus beau ! »

Un jour, un poète envoya quelques vers à l'empereur.
De toutes les merveilles qu'abrite votre palais, écrivait le poète, *c'est encore le chant du rossignol que je préfère.*
« Un rossignol ! Quel rossignol ? Mais je ne le connais pas, moi ! »
Et l'empereur fit venir sur-le-champ son chambellan.
« Un rossignol ! Quel rossignol ? s'écria de même le chambellan.
– Qu'on me l'amène dès ce soir pour qu'il chante devant moi ! » exigea l'empereur.

Le chambellan fit de son mieux pour satisfaire la volonté de son maître. Il fouilla tous les étages du palais, interrogea toutes les personnes qu'il rencontrait. Finalement, une pauvre petite servante de cuisine lui répondit :

« Si je connais le rossignol ? Bien sûr que oui ! Il n'est pas de plus belle voix au monde, croyez-moi ! »

La servante mena le chambellan auprès du rossignol.

« Regardez, le voici ! » s'écria-t-elle quand ils furent arrivés sous la branche où se tenait l'oiseau.

Le chambellan ne trouvait pas l'oiseau très beau, mais dès qu'il chanta, il fut émerveillé.

« On dirait mille clochettes de verre ! » s'extasia-t-il.

Le rossignol accepta de suivre le chambellan chez l'empereur. Dans une grande salle, l'empereur l'attendait. On installa le rossignol sur un perchoir en or. Toute la cour était là, dans ses plus beaux atours, et regardait le petit oiseau gris auquel l'empereur faisait des signes de tête. Lorsque le rossignol

chanta, son chant allait si droit au cœur que l'empereur en fut bouleversé. Deux larmes coulèrent sur ses joues. Il décida aussitôt de l'adopter. Le rossignol devait désormais rester à la cour et ne pouvait se promener qu'en compagnie de ses serviteurs qui le tenaient par un ruban de soie attaché à sa patte.

Toute la ville n'avait plus qu'un mot à la bouche : *Rossignol*.
Un matin, l'empereur reçut en cadeau un autre rossignol, identique au premier, mais couvert de diamants, de rubis et de saphirs. C'était un rossignol artificiel qui chantait toujours le même air. La cour le préféra vite au vrai rossignol. Et comme son chant était toujours le même, on trouva ses mélodies plus reposantes à l'oreille. L'oiseau artificiel eut sa place sur un coussin de soie, tout près du lit de l'empereur. Aussi, lorsque l'oiseau des bois décida un matin de retourner d'où il venait, c'est à peine si on le vit partir.

Le temps passait. Un beau jour, l'oiseau artificiel eut la voix brisée d'avoir tant chanté et se tut pour toujours. Peu après, l'empereur tomba malade. Il eut beaucoup de fièvre et vit la Mort s'approcher de son lit. L'empereur fit alors porter l'oiseau artificiel à son chevet.

« Chante, petit oiseau d'or… j'ai besoin de ta musique ! »

Mais l'oiseau se taisait. Il n'y avait rien à faire !

Au même moment, l'empereur entendit près de la fenêtre un chant délicieux. C'était l'oiseau des bois qui était revenu et qui chantait si bien qu'il fit partir la Mort de son chevet.
« Merci, cher petit oiseau du ciel ! s'écria l'empereur. Je t'ai chassé, et tu es quand même venu pour me sauver ! »
Depuis ce jour-là, le gentil rossignol des bois vint chaque soir à la fenêtre de l'empereur et chanta pour le rendre gai ou rêveur. Mais jamais personne ne le vit car c'était un secret entre l'empereur et lui.

FIN

LE VAILLANT PETIT TAILLEUR

Un conte de Grimm

Illustré par Marcelle Geneste
Adapté par Évelyne Lallemand

Par un matin d'été, un petit tailleur piquait l'aiguille dans son échoppe. Mais voici que des mouches s'abattirent sur la tartine de crème qu'il avait préparée. De colère, il s'empara d'un coupon de tissu et les frappa avec rage. Quand il compta les morts, il en trouva sept.
«Je suis un héros! s'écria-t-il. Il faut que la ville le sache, et même le monde entier!»
Il se cousit une belle ceinture sur laquelle il broda : *Sept d'un coup*, la passa à sa taille, fourra dans sa poche un morceau de fromage, ainsi que son oiseau qui lui tenait lieu de compagnon, puis il s'en alla courir le monde.

Son chemin le mena sur une montagne où se trouvait un géant. *Sept d'un coup*, lut celui-ci et il pensa que le petit tailleur avait tué sept hommes. Mais pour s'assurer de sa force, il le mit à l'épreuve. Il ramassa une pierre et la serra si fort dans sa main qu'il en sortit de l'eau.
« Fais-en autant si tu le peux », lui dit-il.
Le tailleur prit le morceau de fromage qu'il avait emporté et le pressa si bien qu'il en sortit du lait.

Le géant n'en crut pas ses yeux. Pourtant, il prit une autre pierre et la lança si haut qu'elle disparut dans le ciel, avant de retomber longtemps après.

« Fais-en autant si tu le peux », dit-il au petit tailleur.

Celui-ci prit l'oiseau qu'il avait emporté et le lança en l'air. Tout heureux de sa liberté retrouvée, l'oiseau fila dans le ciel, mais lui, il ne revint pas sur terre.

« Bien, dit le géant. Maintenant, voyons si tu peux porter un arbre. Aide-moi à sortir ce chêne de la forêt.

– Volontiers, accepta le petit tailleur. Charge-toi du tronc, c'est le plus facile. Moi, je porterai les branches, c'est le plus lourd. »

Le géant posa le tronc sur son épaule et, comme il ne pouvait se retourner, le petit tailleur… s'assit sur une branche !

Bientôt épuisé, le géant annonça qu'il allait lâcher l'arbre. Vite, le tailleur sauta de son perchoir et leva les bras comme s'il venait de lâcher les branches.

« Bien, répéta le géant. Puisque tu es un fameux gaillard, je t'invite à passer la nuit dans ma caverne. »

Quand il vit l'immense lit, le petit tailleur préféra aller dormir dans un coin. Et il eut bien raison ! Car vers minuit, le géant prit une barre de fer et l'abattit avec force sur le lit. Le lendemain matin, sûr d'avoir réglé le compte de ce vermisseau, il regagna la forêt. Qui vit-il soudain ? Le petit tailleur qui marchait le nez au vent. Il fut si épouvanté qu'il prit la fuite et qu'il court encore !

Le tailleur poursuivit son voyage par monts et par vaux jusqu'à la ville d'un roi. Des gens lurent *Sept d'un coup* sur sa ceinture, imaginèrent que ce bonhomme était un grand héros et prévinrent leur souverain, qui le fit venir au palais.
« Si tu me débarrasses des deux géants qui multiplient meurtres et vols dans la région, je te donne la main de ma fille et la moitié de mon royaume, lui dit-il. Cent cavaliers t'accompagneront.
– Je n'en ai nul besoin, car qui est capable d'en tuer sept d'un coup n'a rien à craindre de deux. »

Le petit tailleur partit donc seul. Il ne tarda pas à découvrir deux géants dormant et ronflant sous un arbre. Sans bruit, il remplit ses poches de cailloux, grimpa sur une branche et lança ses projectiles sur eux. Ils se réveillèrent, s'accusèrent mutuellement de se frapper et commencèrent à se battre avec les arbres qu'ils arrachaient. Ils se battirent si fort qu'ils tombèrent morts en même temps !

Le tailleur conta alors son exploit au roi qui voulut encore mettre son courage à l'épreuve.
« Une licorne commet de grands dommages dans la forêt. Il faut que tu t'en empares, déclara-t-il.
– Une licorne me fait moins peur que deux géants, car *Sept d'un coup*, telle est ma devise ! » répliqua le tailleur.

Il repartit bientôt. Quand il vit la licorne foncer sur lui tête baissée, il resta sans bouger. Mais au moment où elle allait le toucher, d'un bond, il s'écarta et... elle enfonça sa corne dans un tronc si profondément qu'elle y resta coincée ! Le tailleur lui passa une corde au cou, la dégagea du tronc et la ramena au roi.

Or celui-ci lui demanda d'accomplir un troisième exploit : capturer un sanglier qui dévastait la forêt.
« C'est un jeu d'enfant », assura le petit tailleur.
Il partit seul dans la forêt et, lorsque le sanglier chargea, il rusa. Il entra dans une chapelle avec la bête sur ses talons. Mais vite, il ressortit par une fenêtre, fit le tour de l'édifice et en referma la porte. Le sanglier était capturé ! Cette fois, le roi tint promesse, et c'est ainsi qu'un vaillant petit tailleur devint roi et le resta toute sa vie.

FIN

CENDRILLON

Un conte de Perrault

Illustré par Sandra Smith
Adapté par Évelyne Lallemand

Une demoiselle passait ses jours à laver, repasser, nettoyer, cirer, rendre mille et un services à ses deux sœurs. Chaque soir, fatiguée et triste, elle s'asseyait près des cendres de la cheminée. Aussi ses sœurs l'appelaient-elles Cendrillon. Mais avec ses méchants habits, Cendrillon était cent fois plus belle que ses sœurs vêtues magnifiquement.

Un jour, le prince invita à un bal toutes les demoiselles à marier du pays. Les deux sœurs s'y rendirent... Mais pas Cendrillon ! Car elle, elle n'avait pas de belle robe de bal. Ce soir-là, elle resta donc près des cendres de la cheminée, et pleura.

Soudain, la fée sa marraine apparut. Lorsqu'elle la vit tout en pleurs, elle lui demanda ce qu'elle avait.
« Je voudrais bien...
– Tu voudrais bien aller au bal, n'est-ce pas ? Eh bien, je t'y ferai aller ! »
Elle la mena au jardin, agita sa baguette magique, et transforma une citrouille en un carrosse doré.
Ensuite, par magie, Cendrillon se trouva vêtue d'une robe d'or, d'argent et de pierreries. À ses pieds, brillèrent deux mignonnes pantoufles de verre. Cendrillon pouvait aller au bal !

Mais : « À minuit, sois de retour, lui dit la fée sa marraine. Sinon ces beautés disparaîtront. »
Cendrillon promit, et son carrosse doré fila, dans la nuit, vers le château du prince.

Lorsqu'il vit cette belle inconnue, le prince n'eut d'yeux que pour elle. Ensemble, ils dansèrent longtemps, longtemps...Soudain, minuit commença à sonner. Se souvenant des paroles de sa marraine, Cendrillon s'enfuit. Mais au dixième coup de minuit, dans le grand escalier, elle perdit l'une de ses pantoufles de verre. Au douzième coup de minuit, sa robe de bal disparut ainsi que son carrosse doré. Elle rentra chez elle, à pied et en haillons...

Le lendemain, pour retrouver la belle inconnue, le prince ordonna de faire essayer la pantoufle de verre à toutes les jeunes filles du royaume.

Elle n'allait qu'à une seule : Cendrillon ! Alors, la fée sa marraine apparut et lui offrit une robe plus magnifique encore que celle de la veille ! Cendrillon fut conduite chez le prince. Il la trouva si belle qu'il l'épousa le jour-même !

FIN